La catastrophe
ou la vie

Jean-Pierre Dupuy

La catastrophe
ou la vie

Pensées par temps
de pandémie

Seuil

ISBN 978-2-02-147693-4

© Éditions du Seuil, mars 2021

www.seuil.com

« Qu'on s'imagine un nombre d'hommes dans les chaînes, et tous condamnés à la mort, dont les uns étant chaque jour égorgés à la vue des autres, ceux qui restent voient leur propre condition dans celle de leurs semblables, et, se regardant l'un l'autre avec douleur et sans espérance, attendent à leur tour. »

Blaise Pascal, *Preuves par discours II*
– Fragment n° 6, 1678

« Et puis il a fallu voir mourir. Savez-vous qu'il y a des gens qui refusent de mourir ? Avez-vous jamais entendu une femme crier : "Jamais !" au moment de mourir ? Moi, oui. Et je me suis aperçu alors que je ne pouvais pas m'y habituer. [...] mais puisque l'ordre du monde est réglé par la mort, peut-être vaut-il mieux pour Dieu qu'on ne croie pas en lui et qu'on lutte de toutes ses forces contre la mort, sans lever les yeux vers ce ciel où il se tait. »

Albert Camus, *La Peste*, 1947

Introduction

1ᵉʳ décembre 2020

Face à une catastrophe annoncée mais dont la date est inconnue, le temps acquiert des propriétés singulières. Même quand on sait que l'événement redouté va se produire, même quand on tient son occurrence pour certaine ou quasi certaine, on n'arrive pas à transformer ce savoir en croyance. On ne croit pas ce que l'on sait. Cette configuration de notre esprit placé dans ces circonstances est un scandale pour la philosophie. Celle-ci a généralement tenu le savoir pour logiquement supérieur à la croyance. Savoir que le monde a telle propriété implique plusieurs conditions : que ce soit vrai ; qu'on le croie ; et qu'on le croie pour de « bonnes raisons », que l'on peut argumenter, et non pour des raisons fortuites. Si je sais que telle proposition sur le monde est vraie, alors *a fortiori* je le crois. Je peux nier des propositions vraies, par exemple que la Terre n'est pas plate, que le changement climatique n'est pas un phénomène passager qui va se régler tout seul ou que la pandémie de Covid-19 n'est pas un canular monté par les Chinois, mais alors je ne sais pas qu'elles sont vraies, car si je le savais, par définition du savoir je croirais qu'elles le sont. Et cependant, il y a un cas empirique, donc contingent, mais néanmoins universel, ou presque, où le rapport entre savoir et croyance s'inverse : notre rapport à la mort, la mort propre, notre mort. La croyance résiste au savoir, au lieu d'en être sa conséquence passive. Comme l'a écrit Jacques Madaule, « Je sais que je dois mourir mais je ne le crois pas[1]. »

En 2002, encore sous le choc des attentats terroristes du 11 septembre 2001 et nourri de mes réflexions sur le changement climatique, la menace d'une guerre nucléaire et d'autres risques existentiels, je posai la question dans un livre dont le titre a marqué les esprits : nous savons beaucoup de choses à leur sujet et pourtant, nous n'arrivons pas à croire que les catastrophes qu'ils portent en germe se produiront[2]. La preuve en est que nous n'agissons pas sur la base de ce savoir.

1. Jacques Madaule, *Considération de la mort*, Paris, Corrêa, 1934, cité par Vladimir Jankélévitch, *Penser la mort ?*, Paris, Liana Lévi, 2003, p. 29. Ce livre de Jacques Madaule, intellectuel chrétien, proche de la revue *Esprit*, est une des plus profondes et des plus belles réflexions que je connaisse sur la mort. Il a inspiré les écrits de Jankélévitch sur le sujet.
2. Jean-Pierre Dupuy, *Pour un catastrophisme éclairé*, Paris, Seuil, 2002 ; coll. « Points », 2004.

Comment l'expliquer ? Je bannis toute explication psychologisante, individuelle ou collective, et c'est vers la philosophie que je me tournai. Je pensai à ce que dit Henri Bergson au sujet de son état d'esprit lorsque, le 4 août 1914, il apprit la déclaration de guerre de l'Allemagne à la France. Se remémorant les sentiments qui l'animaient, lui et ses proches, juste avant cette catastrophe, il écrit que la guerre leur apparaissait « *tout à la fois comme probable et comme impossible* : idée complexe et contradictoire, qui persista jusqu'à la date fatale[1] ».

Une catastrophe dont on croit qu'elle est très probable, voire presque certaine, et qu'on tient malgré tout pour impossible ? Je crus tenir dans cette idée très forte la clé de mon problème. Une condition nécessaire pour que l'on croie que l'événement redouté va se produire avec une forte probabilité, c'est qu'on le croie possible, nous dit le sens commun. Or Bergson affirme que la croyance en sa possibilité suit et ne précède pas sa réalisation. C'est en devenant réelle que la catastrophe devient possible.

Imprégné de ce paradoxe, je choisis pour sous-titre de mon livre l'expression « Quand l'impossible est certain ». Mal m'en prit. On comprit que j'énonçais ainsi la méthode que je préconisais pour débloquer le passage du savoir à la croyance, alors que je désignais en

---

1. Henri Bergson, *Les Deux Sources de la morale et de la religion* (1932), in *Œuvres*, Édition du centenaire, Paris, PUF, 1991, p. 1110-1111.

fait le blocage. On me fit dire que le « catastrophisme éclairé » consistait à tenir la catastrophe pour certaine afin de mieux la prévenir – ce qui eût été un paradoxe insoluble. Les « collapsologues », nouveaux venus dans ces débats, en firent leur « leitmotiv »[1]. Ce n'est pas le lieu maintenant de dire ce que fut véritablement ma méthode, car elle ne s'applique pas directement à ce qui est l'objet de ce livre[2].

Il est temps de venir à cet objet. En écrivant que même lorsqu'on sait que la catastrophe va survenir, on n'y croit pas, je ne me doutais pas que cette maxime ne s'appliquerait pas seulement au cas où la catastrophe est encore à venir, mais qu'elle aurait encore plus de force dans celui où l'on serait déjà plongé, corps et âme, dans le désastre. Le défi que je tentais de relever était de légitimer en quelque sorte la place du prophète dans la Cité moderne en montrant comment, par sa parole, il pourrait contribuer à l'évitement du malheur[3]. Mais, dans le cas de la pandémie de coronavirus, c'est

---

1. Pablo Servigne et Raphaël Stevens, *Comment tout peut s'effondrer*, Paris, Seuil, 2015.
2. Je me suis cependant résolu à la reformuler en conclusion de ce livre, dans la dernière entrée, qui porte le numéro **13**. Par la suite, le renvoi aux entrées sera indiqué comme ici par un nombre en caractères gras.
3. Quelque chose que n'ont pas compris lesdits collapsologues, lesquels, délibérément ou non, contribuent par leur parole à « l'effondrement » qui fait leur identité.

d'emblée que nous fûmes tous précipités dans la situation où nous sommes encore aujourd'hui et peut-être encore pour de longs mois, pour ne pas dire des années. Cependant, l'évidence n'y fait rien, certains, partout dans le monde, croient qu'il n'y a pas lieu d'attacher plus d'importance à ce qui arrive aujourd'hui à l'humanité qu'à une simple « grippe ». Je ne m'intéresse donc pas à ceux qui ne savent pas que la chose est gravissime, mais à ceux qui le savent ou qui devraient le savoir et qui ne le croient pas. Quelles écailles ont-ils dans les yeux qui les empêchent de voir[1] ?

L'ambition de ce livre est modeste, mais le défi qu'il entend relever ne l'est pas. Il s'agit de comprendre comment, dans notre pays et ailleurs, tout un ensemble de gens intelligents et cultivés, capables d'écrire ou de produire une œuvre – je les appellerai des « intellectuels » – ont pu et peuvent encore déraisonner au sujet de cette pandémie.

---

1. Mes observations porteront plus spécialement sur trois pays : outre le nôtre, les États-Unis d'Amérique et le Brésil. Le 19 novembre 2020, le désormais célèbre Dr Fauci, le conseiller à la Maison-Blanche en matière de pandémie, qui manie la litote comme nul autre, confessait dans le *New York Times* qu'il restait « abasourdi » par le fait que « dans certaines parties du pays, alors même que les ravages causés par la pandémie sont visibles, il y a des gens qui soutiennent que ce sont des *fake news*. Il est très difficile de surmonter cet obstacle. Comment expliquer que des gens qui ont quelque chose juste devant leurs yeux maintiennent que ça n'existe pas ? ».

C'est un combat que je mène depuis le début de cette crise et j'ai eu l'occasion de m'exprimer dans divers médias. Ce livre reprend quelques-unes de mes interventions. Je ne prétends pas être dégagé de toute passion et parler au nom de la raison pure. D'autant que, je l'avoue, c'est la colère qui me motive en partie. La colère de voir des intellectuels que j'estime, et que pour certains j'admire, se comporter de façon politiquement irresponsable. Ils semblent ne pas voir que leurs discours résonnent, sur le mode sophistiqué, avec ceux de forces politiques nauséabondes. Cela inclut ceux qui, en France, par tradition révolutionnaire feraient bien sauter l'État au nom de la liberté ; aux États-Unis, l'extrême droite appuyée pour ne pas dire excitée par les plus hautes instances du gouvernement fédéral ; en Allemagne et au Brésil, des groupes fascistes nostalgiques du nazisme ou de la dictature ; un peu partout dans le monde, des populations qui, se sachant ou se croyant *a priori* épargnées par le virus si jamais elles l'attrapent, se soucient de ne pas contaminer les autres comme de leur première chemise [6].

Les intellectuels, eux, présentent des arguments. Mais comment ne voient-ils pas que cette pandémie a quelque chose d'extraordinaire et que c'est la première fois dans l'histoire de la modernité que la planète s'est arrêtée de tourner ? Ils ont une objection : cela, c'est l'importance des moyens. Elle est en principe le signe qu'une menace de grande ampleur devait être contenue. Mais le signe n'est pas la chose. Il se pourrait que les moyens aient été hors de proportion avec l'importance de la menace. Si c'est le cas, comme ils l'affirment, deux accusations en découlent : « on » nous a menti sur la gravité du fléau ; sur la base de ce mensonge, « on » a gaspillé des ressources sans compter par incompétence et « on » a restreint des libertés fondamentales pour asseoir encore mieux le pouvoir des médecins et des autorités sanitaires – le fameux « biopouvoir » dont parlait Michel Foucault.

Mais comment prouver que les moyens ont été et sont encore disproportionnés à la fin poursuivie, qui est de contenir la pandémie ? N'y a-t-il pas une méthode très simple qui consiste à se demander ce qui se serait passé si on n'avait pas mis en œuvre les moyens en question ? Lorsqu'ils envisagent de mettre un nouveau médicament sur le marché, les laboratoires et les autorités médicales comparent deux possibilités, celle où les patients reçoivent un placebo, qui ne coûte pratiquement rien, et l'autre, où on leur administre le médicament en question. On compare les coûts et les avantages de ces deux options et on détermine ainsi si le médicament est digne d'être fabriqué et prescrit. Les médecins croient avoir inventé cette méthode, qu'ils nomment « coût-bénéfice », au prix d'un anglicisme impardonnable mais révélateur[1], alors que c'est un sous-produit de la mathématisation de la théorie économique, laquelle date de la seconde moitié du XIXe siècle. Pourquoi nos intellectuels sceptiques n'utilisent-ils pas cette méthode et n'essaient-ils pas d'estimer les nombres de cas, d'hospitalisations, d'accès aux soins intensifs et de morts qui auraient résulté d'une absence d'action ?

J'ai le choix entre deux actions, A et B. Je choisis A. J'estime que je suis en meilleure situation dans l'option A que dans l'option B, telle que je peux l'apprécier *ayant choisi A*. Mais je n'ai pas la garantie que si je choisis B, ma situation sera la même que celle que j'envisage pour B ayant choisi A. En d'autres termes, le présupposé du calcul économique est que le choix « actuel » (c'est-à-dire réel) de B me met dans le même monde que le choix « contrefactuel » (c'est-à-dire virtuel, « contre les faits ») de B si je choisis A. Plus simplement encore, l'hypothèse cachée est que les mondes « alternatifs » ont la même réalité que le monde dans lequel nous nous trouvons réellement.

---

1. « *Cost-benefit* » en anglais, qu'on traduit par « coût-avantage ». L'intrusion du mot « bénéfice » en français est comme l'aveu que les gains financiers jouent un rôle dans cette méthodologie.

Tout se passe comme si les intellectuels sceptiques rejetaient cette hypothèse et affirmaient tout de go que les mondes alternatifs n'ont pas d'existence réelle. On ne peut rien dire à leur sujet. L'avenir est ce qu'il sera et tout ce qui n'est pas inscrit dans cet avenir est impossible. Que se serait-il passé si on avait agi en France comme les Chinois ou bien comme les Brésiliens ? Ces questions n'ont pas de réponse à leurs yeux parce qu'elles n'ont pas de sens [**13**].

Je suis convaincu que ce choix philosophique est intenable et que de lui découlent certains des propos aberrants de ces intellectuels *covidosceptiques*, comme dorénavant je les appellerai[1].

1. Je ne cite dans ce livre qu'un petit nombre de ces intellectuels parmi ceux que je juge les plus emblématiques, en évitant soigneusement les clowns médiatiques et les adeptes des théories du complot. Il y a de grands absents comme Bruno Latour, qui déclarait sur France Inter le 3 avril 2020 : « Ce serait absolument terrifiant de ne pas profiter de cet arrêt général pour ne pas infléchir un système dont on sait [...] qu'il nous précipite vers une catastrophe par rapport à laquelle celle du virus actuel est un *minuscule petit problème* » (cité par Bernard Perret, *Quand l'avenir nous échappe*, Paris, Desclée de Brouwer, 2020, p. 21 ; je souligne). Je m'interroge sur les raisons qui poussent Bruno Latour et beaucoup d'autres à ridiculiser l'importance de la pandémie. Ils ont pour le moins manqué de prescience et d'humilité, et c'est l'avenir qui les a ridiculisés. Je remarque le procédé rhétorique qui consiste à user de la comparaison. Par rapport au changement climatique ou à la perte de biodiversité, il se peut que cette pandémie soit peu de chose. Mais ce procédé est un peu trop facile. Quelle que soit la catastrophe, on peut toujours en trouver une autre qui la fait paraître « minuscule ». Qu'est-ce que le changement

*
* *

Ce livre a la forme d'un journal, sans en être véritablement un. Il ne porte pas sur la manière dont j'ai vécu les événements qui se sont égrenés au cours de ces derniers mois, du moins pas directement. Il porte sur les pensées qui m'ont traversé l'esprit en réaction aux commentaires plus ou moins savants qui accompagnaient la progression de la pandémie. C'est, si l'on veut, un « journal de pensée », au sens que l'on a donné à cette locution pour désigner l'atelier d'écriture par lequel Hannah Arendt a donné forme à sa pensée avant de la formuler dans des ouvrages accomplis[1]. Cette méthode permet une grande liberté de style en l'adaptant au sujet traité ou aux circonstances qui ont motivé la réflexion. Chaque entrée y a une date, qui correspond à la date de publication lorsqu'il y en a eu une, ou bien à un événement, ou encore à l'éclosion d'une idée. Ces dates n'ont qu'un intérêt très relatif, et ce qui a plus d'importance est la

---

climatique comparé à la chute d'une énorme météorite qui détruirait toute vie sur Terre ou même, éventualité beaucoup plus probable, à une guerre nucléaire mondiale qui mettrait fin à notre civilisation ? Doit-on en conclure que seule l'Apocalypse de la fin des temps ou du temps de la fin mérite notre attention ?

1. Hannah Arendt, *Journal de pensée (1950-1973)*, Paris, Seuil, 2005.

chronologie. Elle reflète certes l'évolution de la pandémie, mais elle correspond surtout à la dynamique de la réflexion, chaque thème abordé en entraînant un autre. Cela ne va pas sans recouvrements, à la manière d'une toiture en tuiles romaines : une idée naît dans une entrée et elle est reprise et développée dans une entrée ultérieure. Les entrées se renvoient les unes aux autres, du passé vers l'avenir, mais parfois aussi de l'avenir vers le passé, de telle sorte qu'on peut, dans une certaine mesure, les lire dans n'importe quel ordre.

Il serait impensable, étant donné le sujet traité, que j'avance… masqué. Lorsque toute cette affaire a commencé pour moi, fin février 2020, je me trouvais au Brésil, à São Paulo, chez ma fille et mon petit-fils, qui sont de nationalité brésilienne. J'avais 78 ans et je sortais à peine d'une période de rééducation cardiaque à la suite d'une opération chirurgicale lourde. On en savait déjà suffisamment sur le virus pour que je comprenne que j'étais pour lui une cible de choix. Le Brésil était conscient que quelque chose de grave était en germe et les pharmacies, un quart d'heure après l'ouverture matinale, étaient déjà délestées de leur stock de gel hydroalcoolique. Je n'en savais cependant pas assez, le Brésil étant le Brésil, et les répétitions pour le Carnaval 2021 fonctionnant déjà à plein régime alors que le Carnaval 2020 venait de se terminer, pour me faire hésiter à rejoindre un soir un groupe d'amis dans un des clubs de samba les plus connus du quartier de Lapa, à Rio. Dans une sorte d'entrepôt d'antiquités à cinq étages, trois mille personnes à peu près se balançaient au rythme d'une *batucada* endiablée. Je n'ai pas attrapé le virus, du moins ce soir-là.

C'est en connaissance de cause que je donne par avance à mes éventuels contradicteurs des verges pour me faire battre. Il va m'arriver de dire, dans ce journal, ce qui me paraît être l'évidence, à savoir que les jeunes et les moins jeunes ont eu, par leurs comportements après la levée du premier confinement, une part de responsabilité importante dans la reprise de l'épidémie. On pourra toujours dire que je suis un vieillard acariâtre qui règle ses comptes avec une jeunesse qu'il ne comprend pas.

Une fois rentré en France, mi-mars, j'appris que mon visa pour les États-Unis avait été annulé. Le président Trump avait décidé de fermer ses frontières à la plupart des Européens, dont bien sûr les Français, accusés de mauvaise gestion de la pandémie. La France, immédiatement, ferma les siennes, et ce fut le début du confinement. Je devais enseigner à l'université Stanford un cours sur le problème du mal. Stanford est une université privée où l'argent coule à flots. C'est à ce moment qu'elle prit la décision, extrêmement coûteuse pour elle, que tous les cours « sous-gradués » du printemps 2020 et de l'année universitaire 2020-2021 se feraient à distance. Je pus donc faire mon cours depuis mon appartement de Paris, par la grâce du logiciel Zoom, à des étudiants dont aucun ne se trouvait sur le campus californien, d'ailleurs pour la plus grande part fermé, chacun étant retourné dans sa famille, du Grand Ouest américain à la Chine. C'est dans ce contexte que je pris la décision d'écrire ce journal.

Un dernier mot de présentation. Dans ce livre, je prends à partie des auteurs et des penseurs que je nomme « intellectuels ». J'appartiens bien évidemment à cette confrérie : j'enseigne, j'écris des articles et des livres. Je participe au débat public. Je suis donc juge et partie. Il y a cependant un trait qui me distingue de mes confrères. Il devrait constituer un plus mais, dans le contexte français, il a longtemps constitué un moins. C'est ma formation scientifique, plus précisément, mathématique et logique. Il fut une époque où le passage entre ces disciplines et la philosophie allait de soi. J'ai cité Pascal en exergue. Aujourd'hui, en France en tout cas – la chose est différente en Amérique –, la très grande majorité des intellectuels, et des philosophes en particulier, sont non seulement de formation exclusivement littéraire, mais ils croient être de leur devoir d'accuser la science et les techniques d'être des poisons pour lesquels ils disposent des contrepoisons nécessaires. De ce point de vue, Heidegger et Sartre leur ont frayé le chemin [8]. Il me semble que lorsqu'on traite d'une tragédie dont le héros, ce virus, aspire à la vie et la trouve en nous parasitant, l'hémiplégie dont souffrent ces intellectuels est un sérieux handicap.

I
La meilleure mort
10 mai 2020

Je dispose d'un critère qui me permet de reconnaître les personnes qui ont l'« esprit métaphysique », indépendamment de leur occupation, de leur éducation, ou de leur religion si elles en ont une, qu'elles soient philosophes de profession ou non. Je leur demande ce qui leur fait le plus peur : le fait de mourir ou la mort elle-même. J'appelle « métaphysique » toute question que la science est impuissante à élucider mais à laquelle nous ne pouvons pas ne pas apporter de réponse si nous ne voulons pas vivre comme des bêtes. La plupart des gens répondent que la mort ne leur fait pas peur et quand on leur demande pourquoi, même s'ils n'ont jamais lu Épicure, ils avancent que lorsqu'ils seront morts, ce n'est pas eux qui le seront, puisqu'ils ne seront plus. Mais ils avouent craindre la période de déchéance et de souffrance qui bien souvent précède la mort. Ces gens-là ne sont pas faits pour entrer en métaphysique.

Ce jugement n'est pas une critique et encore moins une insulte. Il faut de tout pour faire un monde.

Les semaines que nous venons de vivre en mars et avril 2020, la mort rôdait partout autour de nous. Le confinement nous a incités à poser ou reposer les grandes questions, celles que nous posions quand nous étions enfants. Je me suis demandé comment j'aimerais mieux mourir.

Être passager sur le vol AF 447 qui relie quotidiennement Rio de Janeiro à Paris et chuter en vrille jusque dans l'océan, voilà ce que serait une bonne mort pour moi. C'est celle à laquelle a échappé ma fille brésilienne Béatrice en voyageant sur ce vol, la veille du crash du 1er juin 2009. J'expierais ainsi la faute que j'ai commise en me servant trop souvent de cette histoire pour illustrer mon propos. Ce type d'expérience appelle le silence et le recueillement [7].

Ou bien je me jetterais du haut d'une tour en flammes de cent dix étages pour échapper à l'incendie. Ce serait une mort sublime que filmeraient les caméras du monde entier. Il paraît que lorsqu'on arrive au sol, on ne sent rien car on est depuis longtemps asphyxié.

Je pourrais tout simplement être transformé en ombre en une nanoseconde par l'éclair d'une bombe nucléaire éclatant au-dessus de Paris. C'est sans doute l'annihilation la plus rapide que l'on puisse imaginer. Ces morts, je ne les crains pas. Mais mourir de cette mort atroce que les soignants décrivent en avouant ne pas trouver les mots qui conviennent, cette agonie que subissent les patients de la Covid-19 lorsqu'ils sont placés sous ventilateur, non, pitié, que l'on m'épargne cette mort-là. La ventilation mécanique, c'est l'inverse de la respiration naturelle. Dans celle-ci, vous gonflez votre cage thoracique en inspirant, ce qui crée une dépression et un appel d'air. Dans celle-là, on vous enfonce une sonde dans la trachée et on vous insuffle de l'air à forte pression pour ouvrir les alvéoles des poumons infectées de liquides divers. Vous êtes anesthésiés au curare, mais les dégâts provoqués par ce forçage brutal sont bien là. Vous êtes comme plongés dans un vaste océan, en train de vous noyer. L'oxygène vous manque, comme à une carpe agonisant hors de l'eau, la pression sanguine s'effondre, les reins se bloquent, le cœur s'arrête. Au mois d'avril, à New York, on dit que presque tous les malades du virus de plus de 65 ans qui ont été intubés sont morts. Les 2 ou 3 % qui en ont réchappé auraient peut-être préféré mourir. Ils ne sont plus eux-mêmes, ils ont le plus grand mal à respirer, certains à parler, d'autres tout simplement à penser. Non, vraiment, je ne veux pas mourir de cette mort-là.

Mais même ce mourir-là n'est rien, infiniment rien, à côté de la mort, la mort propre, *ma* mort, cette abomination de la désolation. Ce n'est pas que j'y pense constamment : je ne pourrais pas vivre, car la mort, contrairement à ce que l'air du temps qui entend tout ramener à la nature nous susurre, et à l'opposé de ce que disaient déjà Épicure, Marc Aurèle, Lucrèce et Épictète, la mort donc est complètement extérieure à la vie. Elle n'est pas *dans* la vie, comme mon portable est dans mon sac. Je n'y pense que très rarement, mais toujours j'y pense. Or il n'y a aucun moyen de se figurer la mort de son vivant, encore moins de l'apprivoiser en l'imaginant, contrairement à ce que nous disent de fausses sagesses, et c'est cela qui est absolument effrayant [9]. La mort est une malédiction et c'est la malédiction par excellence, parce que c'est la privation de la vie, la vie qui est le bien par excellence, contrairement à ceux qui prétendent que le test de la valeur qu'elle a pour nous, c'est que nous soyons prêts à la sacrifier. Qu'ils fassent le premier pas ! De toute façon, celui qui est ainsi prêt ne le dit pas. Celui qui s'en vante montre qu'il est terriblement attaché à la vie et à ses vanités.

On trouve dans l'Évangile une phrase terrible et apparemment dénuée de sens prononcée par le Christ : « Laisse les morts enterrer leurs morts. » À la réflexion, que l'on soit chrétien ou non, elle est d'une grande profondeur. La mort n'a affaire qu'à elle-même, elle n'a rien à faire avec la vie. Elle est comme un trou noir qui jamais ne régurgite ce qu'il a absorbé. C'est de tout notre esprit qu'il faut dire non ! à la mort. Pour combattre l'irréversible qui inévitablement conduit à la mort, il n'y a, nous dit Vladimir Jankélévitch, qu'un seul remède : « le consentement joyeux de l'homme à l'avenir, au futur[1] » [13].

---

1. Vladimir Jankélévitch, *L'Irréversible et la Nostalgie*, Paris, Flammarion, coll. « Champs essais », 1974, présentation.

2

Le covidoscepticisme[1]

20 mai 2020

C'est par le philosophe bien connu des médias André Comte-Sponville, que je fréquente et dont j'apprécie le talent depuis de nombreuses années, que je suis entré dans l'univers de ce que j'appelle le « covido-scepticisme », terme très laid mais qui convient à une posture que je critique. Je le nommerai ici ACS, moins pour simplifier son nom que pour signifier que ce sont ses idées, et non sa personne, auxquelles je m'oppose. Je me suis aperçu avec stupeur qu'il se répandait dans tous les organes de presse et de radio, répétant partout le même discours, regrettant que l'on parle beaucoup

---

1. Cette entrée est parue dans la revue en ligne *AOC (Analyse Opinion Critique)* le 4 juin 2020 sous la forme d'une lettre ouverte à André Comte-Sponville, intitulée « Le virus du sophisme ». Celui-ci a rédigé une longue réponse, trop longue pour qu'elle puise être reproduite ici, et sa lettre est parue dans *AOC* le 8 juin 2020. Je recommande vivement à mes lecteurs de s'y reporter. J'ai procédé à la déconstruction du sophisme en question dans la pensée [5] et je prolonge ma critique en [12].

trop de la pandémie, discours auto-contradictoire puisque lui-même ne faisait qu'en parler, et dévidant la même histoire où étaient opposées la faible gravité de la crise sanitaire et l'énormité des moyens mis en œuvre pour la contrôler.

De la part d'un ami, cela m'a choqué. « Choqué » n'est du reste pas le mot qui convient, comme s'il s'agissait avant tout d'un conflit de valeurs, d'une « guerre des dieux », indécidable donc. C'était beaucoup plus grave que cela. Autant le dire de façon nette, je tiens que, sur ce sujet, il pense faux et que ses arguments sont invalides, ce que je trouve inquiétant de la part d'un philosophe. Ce n'est que dans un second temps que les jugements de valeur qu'il portait me restèrent au travers de la gorge, ce qui me désola venant de lui. Le caractère répétitif, insistant de son propos créait un malaise lorsqu'on comprenait qu'il reposait sur des sophismes, en vérité un seul, bien repéré d'ailleurs par la logique et la métaphysique.

C'est plus tard que je compris qu'ACS était le héraut d'un mouvement plus large qui rassemblait nombre d'intellectuels moins médiatiques que lui mais non moins influents.

A) Des arguments et des raisonnements faux

1. « *Ce n'est pas la fin du monde !* »

ACS évoque, chaque fois qu'il s'exprime, la faible létalité de ce virus, le SARS-CoV-2. (La dénomination « Covid-19 », le sigle anglais pour « *CoronaVirus Disease* » de l'année 2019, qu'il vaudrait donc mieux mettre au féminin en français, se rapporte à la maladie.) L'expression « létalité du virus » sans autre qualification n'est pas moins privée de sens que la blague absurde qui me faisait bien rire en cours d'histoire quand j'avais 10 ou 11 ans : « Quel était l'âge de Napoléon ? » La létalité d'un virus n'est évidemment pas une qualité intrinsèque, « première », elle dépend de tas de facteurs, les uns endogènes, les autres exogènes. Cette létalité, c'est-à-dire le rapport du nombre de morts sur le nombre de cas d'infection, dépend d'abord de l'état d'avancement de l'épidémie. Livrée à elle-même, celle-ci a tendance à produire une létalité moindre. Les facteurs exogènes sont multiples : politiques suivies pour endiguer l'épidémie (confinement, recherche de l'immunité collective, etc.), pyramide des âges, région du monde (contraste entre pays tempérés et régions tropicales), etc.

Dans chacun des textes d'ACS, à quelques mots près[1], on trouve ceci, la parenthèse étant toujours présente :

> Faut-il rappeler que le taux de létalité semble être de 1 ou 2 % (sans doute moins si l'on tient compte des cas non diagnostiqués) ? Le moins qu'on puisse dire, c'est que cela laisse bon espoir à la plupart d'entre nous.

On aurait dû lui signaler qu'il commettait ici un beau sophisme. Le rôle de la parenthèse est de signifier que les 1 ou 2 % en question constituent une borne supérieure et que la réalité est sans doute encore plus rassurante. Or il devrait être clair à celui qui réfléchit un peu que la prise en compte de ces cas non diagnostiqués, pour la plupart parce qu'ils sont asymptomatiques (une proportion non encore connue avec précision mais estimée entre 20 et 40 %, ce qui est considérable), *ne change rien* aux chances de mourir de la Covid-19. Cela diminue certes le taux de létalité,

---

1. Pour cette raison, je renvoie simplement le lecteur à l'entretien accordé par André Comte-Sponville à l'hebdomadaire *Le Point*, sous le titre « Ne tombons pas dans le sanitairement correct », le 16 avril 2020 ; ainsi qu'au dialogue que *Philosophie Magazine* a organisé entre Francis Wolff et lui, et publié dans son numéro de juin 2020. Au moins dix autres interventions à ce jour (20 mai 2020) reprennent non seulement les mêmes idées, mais aussi les mêmes termes.

mais les chances d'attraper le virus augmentent dans la même proportion, de sorte que le taux de mortalité rapporté à la population et non plus seulement aux cas d'infection reste le même. La létalité est plus faible que ce qu'on pensait, mais la contagiosité du virus est plus forte. On meurt moins si on a le virus, mais il y a plus de chances qu'il vous infecte. ACS ajoute :

> Ce virus peut tuer des centaines de milliers de personnes en France, des millions dans le monde, ce qui est très grave en termes de santé publique et justifie le confinement, mais il reste individuellement assez peu dangereux (contagiosité moyenne, létalité faible).

La contagiosité d'un virus, de même que sa létalité, c'est comme l'âge de Napoléon. Cela ne veut rien dire. Sa mesure est le fameux coefficient R, le nombre de contaminations directes qu'un nouveau contaminé produit. Elle était de 3,5 au début de l'épidémie, elle a dégringolé à 0,6 le 11 mai, à la fin de la première phase du confinement. (Une étude de l'université Columbia avance, pour la Chine, le chiffre fantastiquement élevé de 5,7 au début de la pandémie.) C'est comme une réaction en chaîne atomique : pour R inférieur à 1, l'épidémie s'éteint de sa belle mort, pour R supérieur à 1, c'est l'explosion. Si on avait laissé l'épidémie se développer, ç'eût été une catastrophe. Pour un R égal à 3,5, au bout de dix intervalles de temps – chaque intervalle correspondant, disons, à deux semaines –, donc au bout de moins de six mois, chaque contaminé aurait été l'origine de 3,5 à la puissance 10 contaminations, soit plus de 275 000. C'est cela, la magie des fonctions exponentielles. Plus leur valeur est forte, plus l'accroissement de cette valeur par unité de temps est fort, l'accroissement étant proportionnel à la valeur. Peut-on dire que c'est une contagiosité « moyenne » ? À son maximum, elle est au contraire extrêmement forte. Heureusement, comme cela a été le cas en France, on a pu la réduire en dessous du point critique par des mesures drastiques.

Un petit « tutoriel » sur le coronavirus n'est sans doute pas inutile. *Caveat* : les expressions que je vais utiliser font comme si le virus était doué d'intentionnalité, alors qu'il ne l'est pas, bien évidemment. Il n'est même pas vivant [8]. Les biologistes se permettent ce genre de raccourci car ils ont une explication purement mécaniste sous-jacente à ces métaphores : la sélection naturelle. Le virus n'est pas vivant mais il aspire à la vie. C'est le parasite ultime et il a besoin d'un hôte, un être vraiment vivant, lui. Le coronavirus a compris que s'il tuait son hôte, il se suicidait. Cherchant à maximiser son taux de réplication, il substitue la contagiosité à la létalité. Le SARS-CoV-2 est un point d'aboutissement de cette évolution.

Pour maîtriser cette épidémie devenue bien vite une pandémie, le meilleur moyen, en l'absence de vaccin et de traitement, est, comme on l'a dit et répété jusqu'à plus soif, de couper les chaînes de transmission entre êtres humains. Il semble que la France ait réussi une première fois à le faire, mais gare à une nouvelle flambée qui ferait remonter le coefficient R à des niveaux ingérables. Cela pourrait se produire très vite.

Cette pandémie est un événement hors norme et seules des mesures hors norme peuvent la combattre. La moitié de la population mondiale a été mise en confinement et, dans le cas de la France, cela paraît avoir marché. Le sophisme consiste à se demander si le jeu en valait la chandelle. Pourquoi avoir arrêté les économies du monde industriel pendant plus de deux mois puisque cette pandémie, « ce n'est pas la fin du monde après tout », écrit ACS. Pourquoi en avoir fait tout un plat ? Cela fait penser à la grande frayeur du passage à l'an 2000, quand tous les informaticiens du monde se demandèrent si leurs ordinateurs n'allaient pas se planter. Le codage de l'année, limité à deux chiffres, allait, pensait-on, les amener à ne pas faire la différence entre 1900 et 2000, ce qui eût entraîné des conséquences dramatiques en cascade. Des moyens gigantesques furent déployés et la catastrophe tant redoutée ne se produisit pas. Beaucoup en conclurent qu'on s'était agité pour pas grand-chose [5]. Le sophisme est bien défini par cette analogie et on le retrouve chez la grande majorité des covidosceptiques, habillé de diverses manières. Je le nommerai par la suite le « sophisme de l'an 2000[1] ».

2. « *La misère tue aussi, et plus que le virus* »

Voici un autre des leitmotive du covidoscepticisme, destiné à remettre à sa place la pandémie tenue pour être sans doute plus qu'une « grippette », pour citer le président brésilien, mais quand même pas une calamité comme on le clame partout. Quant à la misère, c'est celle que des mesures trop contraignantes provoqueraient en ruinant nos économies.

Cette comparaison est sans objet et elle est même absurde. Ni le nombre de morts par destruction de l'économie ni celui que cause le virus ne sont des grandeurs définies. Ce sont des variables et, de plus ici, ce sont des variables en relation de dépendance mutuelle. Pour le faire comprendre, j'ai recours à des notations

---

1. Connu en anglais sous l'appellation « Y2K », où Y renvoie à « *Year* » (année) et « 2K » signifie 2000.

simples. Appelons M et V les nombres de morts respectifs, M pour misère et V pour virus. Si les mesures sanitaires qui pèsent sur l'économie sont efficaces, il faut s'attendre à ce qu'un M plus fort soit corrélé à un V plus faible. M monte quand V baisse. Il arrivera donc un moment, forcément, où la misère tuera plus que le virus. Mais cela ne prouvera rien au sujet de la misère et du virus en général, sinon que des mesures suffisamment efficaces sur le plan sanitaire se paient d'un prix élevé en termes économiques. M moins V passe de négatif à positif quand M croît suffisamment.

ACS regrette l'absence des économistes dans le débat national. Je trouve quant à moi que leur pensée, si l'on peut dire, inspire trop de prises de position sur la question cruciale de la valeur de la vie [10]. Mais au moins, puisque la théorie du choix rationnel fait partie de leurs attributions, ils auraient fait remarquer que l'on fait fausse route en comparant M et V, et que ce qu'il faut faire, c'est comparer des valeurs différentes de M. Pour un M fort, V est faible. Mais pour un M faible, disons si l'on vivait comme avant, dans l'insouciance par rapport à la menace que le virus fait peser sur nous, V serait considérable. Il suffit de voir ce que cela donne dans mes deux pays adoptifs, le Brésil et les États-Unis d'Amérique. Dans ce dernier, la gravité de la maladie a été reconnue tardivement. Les mesures de distanciation ont été mises en œuvre avec deux semaines de retard. Cela a suffi pour coûter la vie à 55 000 personnes. Pour ce qui est du Brésil, une hécatombe y est en marche. On estime que la réalité du drame qui s'y joue ne peut être perçue que si l'on multiplie les chiffres officiels par un facteur compris entre 10 et 15.

Il n'est d'ailleurs pas sûr que dans le scénario où M est faible au départ, il le reste longtemps : on ne fait pas tourner une économie dans un cimetière. La seule comparaison qui ait un sens est celle qui oppose deux scénarios catastrophiques, l'un sanitaire et l'autre économique, et non celle que beaucoup de commentateurs font entre une catastrophe économique et une situation sanitaire somme toute acceptable grâce à cette catastrophe économique.

C'est encore et toujours le piège du sophisme de l'an 2000 dans lequel on tombe. Étant donné que la situation sanitaire est somme toute acceptable, on souligne l'énormité du coût économique afférent, comme si on pouvait avoir la première sans le second. Erreur ! Pour la faire apparaître, il suffit de considérer un scénario *contrefactuel*, où ce coût économique n'est pas présent : on voit alors ce qu'il en coûte en termes de catastrophe sanitaire [5].

3. « La médecine coûte cher. Si nous avons l'une des meilleures médecines du monde, c'est que nous sommes un pays riche. Croire qu'on va pouvoir augmenter les dépenses de santé en ruinant notre économie, c'est un évident contresens. »

Ce débat entre l'économie et la santé a déjà eu lieu entre l'économie et l'écologie. On disait : pour mener le combat contre le réchauffement climatique, il faut une économie prospère et une croissance dynamique. Le problème, c'est que la croissance dynamique renforce le réchauffement climatique. Dans le cas présent, *quid* si la préservation d'une économie forte, en amenant à déconfiner trop tôt et trop vite, faisait s'effondrer la soi-disant meilleure médecine du monde ? Mettre de côté cette relation causale, faire comme si une économie forte tenue pour condition nécessaire d'une issue heureuse à la catastrophe en cours était garantie, indépendamment de ses effets négatifs sur la santé et le climat, c'est là le vrai contresens, certes moins évident que celui que l'on dénonce. C'est une variation de plus sur le sophisme de l'an 2000.

Cependant, la plupart des covidosceptiques ne sont pas des théoriciens du choix rationnel mais des philosophes. (En Amérique, certains des plus grands philosophes, métaphysiciens et même théologiens ont contribué de façon décisive à la théorie du choix rationnel. Je songe en particulier à W. V. O. Quine, Donald Davidson, David K. Lewis, Robert Stalnaker, Gregory Kavka et Alvin Plantinga. Mais nous sommes en France et les frontières sont bien gardées.) Or le sophisme que je dénonce est bien connu en philosophie, et plus précisément en métaphysique des modalités. Revenons à l'exemple paradigmatique qu'est le sophisme de l'an 2000. Tout se passe comme si un état qui n'était pas advenu, à savoir le grand bug informatique que l'on craignait, était sur-le-champ tenu pour impossible, et donc le chemin parcouru, fût-il celui d'un processus causal (les centaines de milliards dépensés pour changer à temps les systèmes informatiques), pour superfétatoire.

Il existe des théories des modalités qui font du non-advenu une impossibilité. Je pense à celle de Bergson, esquissée dans son essai *Le Possible et le Réel*, pour laquelle le possible ne précède pas le réel, il advient seulement avec lui. Je pense surtout à l'argument dit « dominateur » de Diodore Kronos, dont le dernier axiome dit qu'il y a un possible qui ne se réalisera jamais. La négation de cet axiome, à laquelle aboutit le raisonnement de Diodore, affirme que tout possible se réalise ou se réalisera. Un événement qui ne se réalise jamais doit être tenu pour impossible [5].

Il existe donc des théories des modalités qui justifient en quelque sorte le sophisme de l'an 2000. Mais il faut bien reconnaître que, bien que cohérentes, elles conduisent à des conclusions indésirables[1]. En particulier, aucune prévention n'y est concevable. Si la prévention réussissait, elle échouerait aussitôt, puisque l'événement à prévenir, ne se réalisant pas, serait impossible. Elle se montrerait superfétatoire au moment même où elle réussirait. C'est cela le sophisme.

La pandémie de Covid-19 est extrêmement grave. Sauf chance (la découverte d'un vaccin) ou miracle (une mutation du virus vers des formes bégnines, cela s'est déjà produit), ce fléau est avec nous pour longtemps. En minimiser la portée par des arguments spécieux, comme les sceptiques s'évertuent à le faire, c'est singulièrement manquer de civisme. Car il n'y a pas de citoyenneté véritable sans la faculté de penser et donc de raisonner. La faculté de penser ne se réduit certes pas à la faculté de raisonner, mais sans cette dernière, la première ne produit que des discours vides.

---

1. Voir la contre-offensive d'Aristote à l'argument dominateur dans son traité *De Interpretatione*.

B) Des jugements de valeur qui me repoussent

ACS insiste sur le fait que cette épidémie tue essentiellement ceux qu'il nomme les « vieillards ». L'âge est « le principal facteur de risque de mortalité », dit la grande presse. Le ministère de la Santé le répète tous les jours : neuf dixièmes des morts ont 65 ans ou plus. Cela me rappelle la publicité que la Loterie nationale avait concoctée il y a pas mal d'années et qui affirmait que 100 % des gagnants avaient acheté un billet. On ne pouvait accuser cet énoncé d'être une publicité mensongère car il disait la vérité. Cela se voulait un trait d'humour. Je me demande seulement si cet humour ne passait pas au-dessus de la tête de pas mal de gens qui, du coup, achetaient un billet. En matière de probabilités, les sophismes sont chose courante, on vient d'en voir quelques-uns. Bien entendu, on ne peut changer son âge aussi facilement que l'on se rend au bureau de tabac pour tenter sa chance à la Loterie, mais je n'exclus pas que pas mal de vieux se soient sentis en danger à force d'entendre ou de lire cette rengaine.

Pour gagner à la Loterie, il faut sans aucun doute tenter sa chance, mais si on le fait, on n'a qu'une chance infinitésimale de gagner. Mourir du virus est certes facilité par le grand âge, mais, si on est vieux, quelle est donc la chance que l'on a de mourir de ce virus ? Le calcul est très facile à faire. À la date où je termine cette entrée dans mon journal, le 20 mai 2020, le virus a tué 28 000 personnes dont neuf dixièmes avaient plus de 65 ans, soit 25 000 personnes âgées. La population française des plus de 65 ans avoisinant les 12 600 000, le ratio est de 0,2 %. (Attention : il ne s'agit pas du taux de létalité, qui se rapporte à ceux qui ont attrapé le virus, mais bien du taux de mortalité par rapport à la population entière.) Les vieux ont donc nettement plus de chances de mourir de ce virus qu'une dupe a de gagner au Loto, mais la probabilité en reste relativement faible, sans parler du fait que, sans le virus, ils mourraient tôt ou tard d'une autre cause.

Ce résultat heureux est bien sûr la conséquence du confinement relatif que les moins de 65 ans ont respecté, de leurs gestes de bon sens vis-à-vis des autres et de l'isolement dans lequel vivent beaucoup de personnes âgées. Les hécatombes qui ont endeuillé des maisons de retraite médicalisées en sont le contre-exemple.

Beaucoup soulignent que les vieux ont donc une dette vis-à-vis des jeunes et des moins vieux. Ce que l'on omet de dire, c'est que ce sont ces derniers qui passent le virus aux vieux. Leur coefficient R est évidemment très supérieur à celui de leurs aînés. Et l'expérience du début de déconfinement le confirme. Beaucoup de jeunes semblent ignorer que dans une épidémie, on est à la fois contaminé et contaminant. Ils se croient affranchis de toute contrainte précisément parce qu'ils savent aussi bien que les vieux que ce sont ces derniers qui vont payer le prix fort. Ils ne se gênent donc pas. Ils contaminent ainsi leurs parents et grands-parents. C'est ce qu'ACS passe sous silence quand il écrit, en réponse au philosophe Francis Wolff qui le provoque sur la solidarité intergénérationnelle :

> C'est une solidarité ordinairement asymétrique, et qui doit l'être. Je préfère que les parents se sacrifient pour leurs enfants, comme c'est la règle, que l'inverse ! Qui d'entre nous ne donnerait pas sa vie pour ses enfants ? Qui accepterait qu'ils donnent la leur pour sauver la nôtre ?

Ce faisant, il oublie deux choses et commet une erreur. Il oublie que la règle est parfaitement symétrique puisque le code civil, dans ses articles 205 et suivants, prescrit que « tout enfant doit aider ses parents dans le besoin selon ses capacités financières et les besoins du bénéficiaire ». Et surtout, il oublie que lorsqu'il s'agit de prendre les armes pour défendre son pays ou en attaquer un autre, ce sont les jeunes que les vieux envoient au casse-pipe et non pas l'inverse. L'erreur, dans le cas présent, c'est de ne pas voir la réciprocité entre les vieux et les jeunes. Les jeunes passant le virus à leurs aînés, c'est la moindre des choses que, comme eux, ils paient le prix du confinement. ACS est très dur avec les vieux. Il peut écrire des choses comme :

> En quoi les 15 000 morts [de la] Covid-19 [aujourd'hui 28 000], dont la moyenne d'âge est de 81 ans[1], méritent-ils davantage notre compassion ou notre intérêt que les 600 000 autres [ceux qui meurent chaque année dans notre pays] ?

Une fois de plus, le diable se cache dans l'incidente. Pourquoi, en effet, s'intéresser spécialement aux vieillards ? Il note d'ailleurs qu'eux-mêmes ne tiennent pas plus que cela à la vie. Il écrit :

> [...] les vieux [...] sont certes plus exposés que les jeunes, mais [ils] acceptent souvent plus volontiers leur propre mortalité. Ils ont raison ! Mourir à 68 ou 90 ans, c'est beaucoup moins triste que mourir à 20 ou 30 ans.

---

1. Voir pensée **12**. ACS commet ici une erreur gravissime, moins sur les chiffres que sur les concepts, que je n'ai pas détectée au moment où j'écrivais cette entrée.

Je crains que sa psychologie ne soit pas moins fausse que sa logique et je le renvoie simplement à notre plus grand poète :

Le plus semblable aux morts meurt le plus à regret.

Croit-il vraiment que la mort d'un aîné, d'un père, d'une mère, de grands-parents ne puisse pas être dans la vie d'un être un drame épouvantable ? J'ai connu des gens qui ont mis plus de dix ans à s'en remettre. On ne s'en remet jamais, à vrai dire. Il suffit d'avoir à ranger une vieille maison de famille après un décès et de devoir classer des photos jaunies par le temps pour qu'un chagrin irrépressible s'empare de vous, ravivant une immense souffrance passée. Les proches des vieillards qui sont morts en Ehpad n'ont même pas eu la possibilité de pleurer devant le cercueil de leur défunt.

Mais ACS ne s'arrête pas là. Sur sa lancée, il ne peut qu'aller de l'avant, abordant des zones toujours plus dangereuses.

[…] toutes les morts ne se valent pas. Il est plus triste de mourir à 20 ou 30 ans que de mourir après 60 ans […]. Les jeunes n'osent pas trop en parler, de peur de sembler se désintéresser de leurs aînés.

Je prie pour que mes enfants et mon petit-fils ne fassent pas partie de ces jeunes-là. Mais il fait encore plus fort en écrivant :

> [...] on ne me fera jamais dire [...] que toutes les vies se valent. La vie d'un héros, comme Cavaillès, vaut plus et mieux que la vie d'un salaud, comme Klaus Barbie.

Confiné à Paris, je n'en donne pas moins un cours à Stanford. La préposition « à » est évidemment indue puisque le campus californien est complètement bouclé et que tous les cours s'y donnent à distance, par Zoom. Mes étudiants, retournés chez eux, se trouvent aux quatre coins de la planète, de la Californie à Shanghai. Le thème de ce cours de philosophie est le problème du mal. Nous étudiions l'autre jour ce grand classique qu'est le reportage qu'Hannah Arendt fit sur le procès d'Adolf Eichmann à Jérusalem, en 1961. Je suis tombé sur ce passage que j'avais oublié, situé à la toute fin du chapitre sur la conférence de Wannsee qui décida de la Solution finale :

> Aujourd'hui, en Allemagne, la notion de « Juif supérieur » n'est pas complètement oubliée. [...] On déplore encore le sort de ces Juifs « célèbres » aux dépens de tous les autres. Ne sont pas rares, surtout au sein de

l'élite culturelle, ceux qui expriment en public leur regret que l'Allemagne ait envoyé Einstein faire ses valises, sans se rendre compte que ce fut un bien plus grand crime de tuer le petit Hans Cohn qui habitait au coin de la rue, bien qu'il ne fût en rien un génie[1].

On sait qu'en situation de rareté des instruments de soin, le corps médical et/ou, selon les pays, les autorités de santé font une sélection (nommée en franglais « triage ») des malades que l'on va soigner aux dépens de ceux que l'on va laisser mourir [7]. La France a, dit-on, échappé d'un lit à ce sinistre choix. Mais sa philosophie était arrêtée, et c'est la même que celle qui a cours aujourd'hui aux États-Unis. Le critère de sélection est purement conséquentialiste : il s'agit de maximiser, non le nombre de vies sauvées, mais le nombre *d'années de vie* sauvées. Ce qui précède me donne à penser qu'ACS devrait apprécier ce critère. Il est plus « triste », n'est-ce pas, de mourir à 20 ou 30 ans que de mourir après 60 ans.

Cette pensée me fait horreur. C'est sans doute mon éducation chrétienne qui me fait réagir ainsi. Toutes les vies, et toutes les morts, se valent, fût-ce celle d'un vieillard en fin de vie, fût-ce celle d'un petit garçon

1. *Eichmann in Jerusalem : A Report on the Banality of Evil*, Penguin Books, 1997, p. 134 ; ma traduction.

visiblement pas doué. Car leur mort sera pleurée par des proches. Et, s'ils ont le malheur de ne pas en avoir, par ceux ou celles à qui leur présence sur Terre aura un jour fait du bien. Cette conception de la vie et de son bien n'a rien d'égoïste, c'est tout le contraire.

Mais il y a pire, et c'est sur ce constat que je voudrais terminer. La principale justification qu'ACS donne de ses choix éthiques, c'est la fierté qu'il éprouve à dire qu'il serait prêt à se sacrifier. La preuve qu'il est conforme au bien et à la justice que les vieillards se sacrifient pour que la vie et l'économie continuent, c'est que ceux qui énoncent ce principe sont eux-mêmes des vieillards. Je ne connais pas pire corruption du message évangélique. Le sacrifice de soi n'est en rien, à lui seul, un critère du vrai et du juste. Les terroristes du 11-Septembre ont payé volontairement de leur vie l'accomplissement de leur cause. Moi, qui suis aussi un vieillard, je n'accepte pas de mourir pour les autres. Car si je veux vivre, c'est précisément *pour* les autres.

3
Sur une prétendue « sacralisation de la vie »
28 juin 2020

Le 26 juin dernier, une radio publique diffusait un reportage sur le défi que constituait l'organisation d'élections municipales en situation d'épidémie virale. Le taux de participation n'allait-il pas s'effondrer ? Trouverait-on assez de citoyens volontaires pour remplir toute une journée les fonctions de président et d'assesseurs, lesquels vérifient l'identité de chaque électeur, lui font signer la liste d'émargement et tamponnent sa carte électorale ? Une dame était interrogée, qui avait accepté d'être assesseur dans un bureau de vote de Nancy. Le reporter lui demanda si elle avait peur. Elle répondit à peu près en ces termes : « Oh, vous savez, il faudrait autre chose que ce virus pour me faire renoncer à mes devoirs civiques. Le vote, c'est la vie ! »

On ne pouvait, semble-t-il, qu'admirer les propos de cette femme. Un démon intérieur me suggéra cependant de changer les mots qu'elle avait utilisés de la façon suivante : « Vous savez, il faudrait autre chose que le risque de contaminer mes proches pour me faire renoncer à mes devoirs civiques. Le vote, c'est la vie ! » La reformulation que je propose est parfaitement légitime. On ne peut ignorer aujourd'hui qu'en s'exposant au virus et en le laissant se loger dans les cellules de son corps, on compromet sa santé, certes, mais aussi, et bien davantage, suivant le stade atteint par l'épidémie, celle de peut-être deux à quatre personnes. L'âge de la dame n'était pas mentionné mais à supposer que ses parents fussent encore vivants et qu'elle les fréquentât, c'était la vie de deux personnes âgées qui se trouvait soudain placée sur un plateau de la balance. Et ce qui apparaissait au mieux pour un acte de courage, au pis pour une fanfaronnade, devenait du même coup un choix éthique douloureux qui méritait mieux qu'un slogan en forme de défi. Entre le bien public et les attachements privés, on ne décide pas à la légère[1].

---

1. Cf. la déclaration d'Albert Camus devant des étudiants suédois à l'occasion de son séjour à Stockholm pour recevoir le prix Nobel de littérature, le 12 décembre 1957 : « En ce moment on lance des bombes dans les tramways d'Alger. Ma mère peut se trouver dans un de ces tramways. Si c'est cela la justice, je préfère ma mère. » Rapporté par Carl Gustav Bjurström dans *Discours de Suède*, Paris, Gallimard, coll. « Folio », 1997, postface. Les ennemis de Camus ont souvent déformé cette citation pour mieux ruiner son crédit.

Mais la pensée me vint que cette personne ne savait peut-être pas qu'une épidémie est telle qu'en se laissant contaminer, on aide le virus à se propager. Le risque que l'on prend est moins pour soi que pour les autres. À en juger par leurs comportements, beaucoup de nos concitoyens ne l'ont pas encore compris. L'ignorance et la bêtise sont de bien plus grands maux que l'égoïsme ou la méchanceté.

Cependant, à bien y réfléchir, ce qu'il y avait de plus extraordinaire dans les propos de cette femme, c'était la chute : « Le vote, c'est la vie ! » On croyait que le dilemme qu'elle tranchait par une formule bien trempée opposait le monde des valeurs politiques et la vie. Eh bien non, elle soutenait que la vie de la Cité était plus importante que la vie d'un individu. Tout compte fait, c'est encore la primauté de la Vie qu'elle affirmait.

*
* *

La période de confinement que la France a vécue en ce printemps de 2020 a eu d'étranges effets sur le monde des idées. Des tendances qu'on pouvait y apercevoir depuis déjà une ou deux décennies se sont exacerbées, parfois jusqu'au délire. Des auteurs estimables, les uns philosophes patentés, d'autres essayistes talentueux, d'autres encore écrivains, cinéastes, artistes, journalistes plus ou moins habiles à philosopher, se sont affranchis de toutes les limites que l'exercice patient de la discussion raisonnée impose au discours. C'était comme si ce dialogue intérieur avec soi-même qu'on appelle la pensée, que l'enfermement aurait dû faciliter, avait engendré, faute d'exutoire dans les échanges qu'offre la vie ordinaire, des abcès de fixation tenaces.

L'un d'entre eux fut la dénonciation de ce qu'on avait accordé trop d'importance à la préservation de la vie par rapport à tous les autres soucis de l'existence. Tandis que la France des gens ordinaires célébrait quotidiennement le dévouement de tous ceux, des aides-soignantes aux réanimateurs, qui se dépensaient corps et âme à sauver des vies, quelques-uns de ceux que l'on nomme les « intellectuels » faisaient la fine bouche et nous assénaient qu'il n'y a pas que la vie « brute », la « vie nue » – la « survie », disaient certains avec mépris – qui compte… dans la vie.

Giorgio Agamben est un philosophe italien reconnu, en France en particulier, ce qui, doit-il penser, l'autorise à affirmer (c'était mi-avril), sans peur du grotesque, qu'avec le confinement, « le seuil qui sépare l'humanité de la barbarie a été franchi », et à poser la question : « Comment se peut-il qu'un pays tout entier se soit effondré, politiquement et moralement,

sans s'en apercevoir, devant une simple maladie[1] ? »
Et d'énoncer qu'une société qui place la « vie nue »
plus haut que la préservation de son mode de vie se
condamne à un destin plus terrible que la mort. Ce
qu'Agamben semble ne pas voir, c'est que son discours
grandiloquent rejoint ce que les groupes américains
d'extrême droite hurlent, les armes à la main, devant
les marches de leurs Capitoles respectifs, pour menacer
les gouverneurs qui osent braver la parole trumpienne
et imposer le port du masque à leurs administrés. Les
gesticulations intellectuelles d'un Agamben sont la version *soft* de cette violence réactionnaire. Avec sa notion
de « vie nue », il méprise la vie simple, « animale », des
pauvres paysans sans terre du Nordeste brésilien, alors
que cette vie est la seule qu'ils connaissent et qu'elle
se trouve menacée par l'incurie d'un gouvernement
corrompu qui, précisément, ne fait pas ce qu'Agamben
reproche à son propre gouvernement de trop faire.

De son côté, Olivier Rey, esprit universel, mathématicien, philosophe, romancier, qu'on a connu naguère
plus fin, n'a pu s'empêcher lui-même de s'abaisser
au niveau d'un Bolsonaro, le président du Brésil qui
compare l'épidémie à une « grippette », et d'écrire

---

1. Giorgio Agamben, « Una domanda », *Quodlibet*, 13 avril 2020.
Traduit de l'italien an anglais par Adam Kotsko. https://www.quodlibet.
it/giorgio-agamben-una-domanda.

le 8 juin : « Jusqu'à une date très récente dans l'histoire humaine, une épidémie du genre de celle qui, avec le *severe acute respiratory syndrome coronavirus 2* (SARS-CoV-2 de son petit nom), s'est diffusée à la surface de la Terre en 2020, aurait affecté l'humanité autant qu'une vaguelette trouble la surface de l'océan. Mais voilà : la vaguelette a pris les proportions d'un tsunami planétaire[1]. »

Le tsunami, c'est bien sûr l'émoi mondial déclenché par quelque chose qui en des temps moins douillets aurait provoqué un haussement d'épaules. Mais qui ou quoi donne à Olivier Rey l'assurance que la pandémie va s'arrêter là où elle en est début juin 2020, alors que des virologues n'écartent pas la possibilité d'un scénario du type grippe « espagnole » de 1918-1919, qui a fait à l'échelle du monde des dizaines de millions de morts ? Une « vaguelette », vraiment, alors que les États-Unis d'Amérique, à la date du 1er juillet où j'écris ceci, marchent allègrement vers une moyenne de 100 000 nouveaux cas par jour[2] ? Un clapotis, croit-il,

---

1. Olivier Rey, *L'Idolâtrie de la vie*, Paris, Gallimard, coll. « Tracts », n° 15, 2020.
2. Note du 19 novembre 2020. Il a fallu attendre la troisième vague de la pandémie pour que ce chiffre soit atteint, la semaine de l'élection présidentielle, en pleine croissance exponentielle alors que l'hiver approche ; et simplement une semaine supplémentaire pour qu'on dépasse les 150 000 nouveaux cas. On est, mi-novembre, au rythme

alors qu'en quatre mois ce virus a tué plus d'Américains que les guerres de Corée, du Vietnam, du Golfe, de l'Afghanistan et de l'Irak réunies ne l'ont fait en soixante-dix ans ?

Pourquoi nos clercs sont-ils devenus aveugles à ce point ? Pourquoi s'ingénient-ils à minimiser l'importance du danger en le comparant à d'autres jugés plus « essentiels », selon le mot à la mode, par exemple la pollution de l'air ou le changement climatique, alors qu'il est maintenant établi qu'il fallait et qu'il va falloir des moyens et des mesures exceptionnels pour dompter ce virus ? Pourquoi, lorsque ces mesures réussissent et que le mal semble disparaître, s'acharnent-ils sur leur importance et leur coût, sans s'interroger sur ce qui se serait passé si elles n'avaient pas été mises en œuvre ?

*

* *

C'est chez les critiques de l'écologie politique que la volonté de rabaisser la vie « brute », la vie nue, est

---

de 2 000 morts par jour, soit 60 000 morts par mois, également en croissance exponentielle. Si la politique sanitaire, ou plutôt son absence, continue d'être la même et si un vaccin efficace et sûr n'est pas largement accessible et accepté par la population d'ici la passation des pouvoirs le 20 janvier 2021, le nombre total d'Américains morts de la Covid-19, qui est déjà de 250 000, aura été multiplié par 2.

d'abord apparue. Ils ont pour cela inventé un homme de paille, qu'ils ont nommé « écologie profonde », « radicale » ou « catastrophiste ». Cette écologie-là existe, il est facile d'en trouver des exemples, mais ce n'est pas une raison pour accuser tous ceux qui aiment la vie de la mettre au-dessus de tout sans que rien ne mérite de la sacrifier. C'est encore moins une raison pour ravaler le soin de préserver la vie au rang de souci subalterne.

Pour avancer, je distinguerai la critique humaniste et la critique néo-heideggérienne, avant d'envisager l'héritage de la critique illichienne. Ce qui m'intéresse chez ces penseurs, qui parfois sont les mêmes que ceux qui aujourd'hui clament que le gouvernement nous a tous réduits en servitude, c'est de comprendre comment une critique savante des excès de l'environnementalisme peut inspirer des arguments à une critique impitoyable et souvent absurde des autorités gérant la pandémie de Covid-19, coupables d'avoir enfreint des libertés fondamentales en imposant le port du masque et des mesures dites « barrières » qui ne sont rien d'autre que la forme que prend la civilité en situation exceptionnelle.

Ce que la critique humaniste reproche avant toute chose à l'environnementalisme, c'est de ne pas reconnaître la place singulière de l'homme dans la nature, et donc la spécificité de la vie humaine par rapport à toutes les autres formes de vie. Selon elle, l'écologie profonde fait de la nature et de ses constituants des valeurs intrinsèques, non inférieures à la personne humaine, et leur donne la dignité de « fins en soi », contre toute la tradition humaniste qui réserve ce statut à l'être humain. Mais, et c'est mon interrogation, n'est-ce pas ce que font précisément les politiques de santé, menées par l'homme au nom de l'homme, dans leur lutte acharnée contre ce virus, qui, après tout, est un être naturel ? Ou, plutôt, n'est-ce pas précisément ce que la critique humaniste leur reproche ? Donner à la préservation de la vie humaine une priorité absolue, n'est-ce pas le comble de l'humanisme ? Il y a là un paradoxe apparemment inextricable.

Tout s'éclaire si l'on accepte de faire une distinction entre deux formes de vie humaine, la « vie nue » chère à Agamben, qui n'est que l'application à l'homme de la vie universelle, « biologique », et l'authentique vie humaine. À lire les auteurs qui se recommandent de l'humanisme, et singulièrement Luc Ferry et son livre déjà ancien mais toujours influent *Le Nouvel Ordre écologique*[1], on conçoit que cette distinction est d'origine religieuse. La vie nue devenue sacralisée, c'est celle

1. Luc Ferry, *Le Nouvel Ordre écologique*, Paris, Grasset, 1992.

à laquelle on *sacrifie* toutes les autres valeurs. La vraie vie humaine, c'est celle qui est prête à *se sacrifier* pour des causes qui sont plus hautes que la préservation de la vie nue. La vie nue est pure immanence. L'écologie profonde, tout entière nietzschéenne de ce point de vue, est, poursuit la critique humaniste, dans l'impossibilité de critiquer ce que veut la vie : il faudrait pour cela qu'elle dispose d'un point d'observation extérieur à la vie, or elle pose qu'il ne peut exister de tel point. Il n'y a rien pour elle au-delà de la vie. Il n'y a place pour aucune transcendance.

Luc Ferry n'y va pas par quatre chemins. Cette analyse rapide lui permet de reprendre à son compte une vieille critique adressée à l'écologie, à savoir le rapport « profond » qui l'unirait au pacifisme. Comment, lorsqu'on place la vie au-dessus de tout, se préparer à ce qu'on appelait jadis, d'une expression aujourd'hui ringarde, le « sacrifice suprême » ? Entre être rouge et être mort, selon Ferry, un écologiste ne balance pas : il choisit la vie, c'est-à-dire la servitude. Entre la « préservation dans l'être », que la vie incarne par essence, et le suicide, il n'hésite pas : « la vie dit "oui" à la vie », écrit Luc Ferry, citant le philosophe allemand Hans Jonas, et « non » à la mort.

Le sacrifice et le suicide, c'est la mort. Luc Ferry dira-t-il, prisonnier de son propos, que « la vie dit "oui" à la mort » ? Est-il prêt à chanter « *Viva la muerte* », comme les franquistes pendant la guerre d'Espagne ?

Il est triste de voir aujourd'hui Olivier Rey, déjà cité, reprendre la même analyse, presque dans les mêmes termes. Son pamphlet s'appelle *L'Idolâtrie de la vie*. On y lit :

> En tant qu'il commande un respect absolu, le sacré se trouvait anciennement placé au-dessus de la vie. C'est pourquoi il pouvait, le cas échéant, réclamer le sacrifice de celle-ci. Comment la vie nue en est-elle venue à prendre elle-même la place du sacré ? Au point que sa conservation, comme l'a montré la crise engendrée en 2020 par l'épidémie de coronavirus, semble bien être devenue le fondement ultime de la légitimité de nos gouvernements[1].

On pourrait comprendre l'expression « la vie nue en est venue à prendre elle-même la place du sacré » comme signifiant que, là où il y avait le sacré, on trouve maintenant la vie. La vie a remplacé le sacré au sens où, désormais, il n'y a plus de sacrifice. Ce serait conforme à la tradition judéo-chrétienne et à son expression ultime dans l'œuvre de René Girard, qu'Olivier Rey connaît bien, comme moi, et que nous avons d'ailleurs pratiquée

---

1. Olivier Rey, *L'Idolâtrie de la vie, op. cit.*

ensemble. Dieu, selon cette tradition, n'aime pas le sacrifice. Le Deutéronome (30,19) Lui fait dire : « Je prends aujourd'hui à témoin contre vous le ciel et la terre : je mets devant toi la vie ou la mort, la bénédiction ou la malédiction. Choisis donc la vie, pour que vous viviez, toi et ta descendance [...]. » Mais tant le titre de son essai, *L'Idolâtrie de la vie*, que le contexte ne laissent aucun doute. Si la vie selon Olivier Rey a remplacé le sacré, c'est au sens que c'est la vie dorénavant qui est le sacré et c'est à la vie que l'on sacrifie tout le reste. La vie elle-même ne peut être sacrifiée. C'est exactement la critique de Luc Ferry, que je trouve irrecevable. Olivier Rey semble lui aussi avoir perdu le sens de la mesure lorsqu'il écrit au sujet de la situation actuelle :

> [...] aucune valeur ne vaut, en tant que telle, qu'on puisse, si les circonstances y invitent, lui sacrifier sa vie. [...] Nous voilà reconduits à la situation décrite par Hobbes, où l'individu accepte de se soumettre au pouvoir absolu du Léviathan en échange de la protection que celui-ci est censé lui assurer contre la mort. La façon dont l'épidémie de coronavirus, au taux de létalité limité, est très rapidement devenue le sujet à peu près unique de préoccupation, saturant l'espace public, et la facilité avec laquelle les citoyens ont abdiqué leur liberté d'aller et venir au nom d'arguments sanitaires, sont à cet égard éloquentes.

Je passe sur cette forme de « négationnisme » qui revient à insister sur le caractère bénin de la Covid-19, tant il est devenu le credo de beaucoup d'intellectuels français. Mais dépeindre l'État français sous les traits du Léviathan qui assure la sécurité de ses sujets au prix de leur renoncement à la liberté, c'est oublier que si servitude il y a, c'est une servitude volontaire. Il ne tient qu'à ces sujets de se donner à eux-mêmes, après s'être convenablement informés, des règles de vie en commun par temps de pandémie. Sauf s'ils sont suicidaires, ces règles ne différeront pas fondamentalement de celles que le gouvernement leur impose. Mais en leur obéissant, ils seront libres. Comme l'écrit Jean-Jacques Rousseau dans *Du contrat social* (I, 6) : « Chacun se donnant à tous ne se donne à personne. »

L'Amérique, alors même qu'elle a à sa tête un clown malfaisant, et qui bat, avec le Brésil, tous les records d'impuissance face au virus, montre par éclairs qu'elle a mieux que nous retenu la leçon de Rousseau. Comme en France, le déconfinement s'est traduit en Californie par un relâchement soudain de toutes les règles qui ne peuvent être que de rigueur tant que le virus circulera, à commencer par le port du masque lorsqu'il est impossible de maintenir une distance de sécurité avec les autres. Les restaurants et les bars ont ouvert, on a fait la fête à San Diego et à Santa Monica, on s'est rués dans les magasins de luxe de Santa Barbara, on s'est embrassés et plus. La sanction n'a pas tardé à tomber et le nombre quotidien de nouveaux cas d'infection est monté en flèche. Le gouverneur Gavin Newsom a dû imposer un nouveau confinement partiel. Le 13 juillet, le *Los Angeles Times* concluait, comme Jean-Jacques Rousseau après le tremblement de terre de Lisbonne : « Nous ne pouvons nous en prendre à personne d'autre que nous-mêmes. » Il est plus difficile en Amérique qu'il ne l'est en France de prendre l'État pour bouc émissaire, pour la bonne raison que l'État n'y est aucunement sacré.

En reprochant de façon hyperbolique au pouvoir sanitaire de forcer les citoyens à se soumettre à ses diktats, les intellectuels covidosceptiques se livrent à un jeu dangereux. Ils incitent certains de ces citoyens à se détourner de mesures indispensables, et qu'ils devraient eux-mêmes juger telles, sous prétexte qu'elles leur sont imposées d'en haut.

*

* *

Je dois avouer la difficulté que j'éprouve à parler et même à comprendre cet idiome bizarre qu'est le

« heideggérien » version française. C'est pourquoi j'ai du mal à commenter l'ouvrage de Michaël Fœssel intitulé *Après la fin du monde. Critique de la raison apocalyptique*[1], écrit comme celui de Luc Ferry avant le surgissement de la pandémie de coronavirus. S'il m'intéresse, cependant, c'est toujours pour la même raison. Non moins que sa rivale humaniste, cette tradition rabaisse la vie. J'aimerais comprendre comment les arguments qu'elle déploie à cet effet pourraient justifier la condamnation tant de l'écologie radicale que des politiques sanitaires suivies dans nos pays pour faire face à la pandémie.

L'argumentation de Michaël Fœssel, derrière son apparente sophistication, a la simplicité factice d'un choix binaire entre le bien et le mal, à la manière des premiers westerns, où le méchant est méchant jusqu'au bout des ongles et le bon a tout pour lui. Le nom d'un des protagonistes est à peu près fixé, et c'est « la vie ». Le nom de l'autre est multiple, la version la plus simple étant « le monde ». Une partie clé du livre s'appelle « Le monde ou la vie » et son premier alinéa ne souffre pas d'ambiguïté : « La thèse défendue dans ce livre peut s'énoncer de manière abrupte : après la "mort de Dieu", nous sommes ramenés à l'alternative entre le

1. Paris, Seuil, 2012 ; coll. « Points », 2019.

monde et la vie. Dans cette alternative, c'est le monde qu'il faut choisir. »

On ne trouve pas dans cet ouvrage de définition à proprement parler du monde et de la vie, mais, à la place, des listes de caractéristiques distinctives qui s'opposent terme à terme. Là où le monde ouvre vers la transcendance, l'altérité et le « possible », la vie se replie sur l'immanence, le même et l'« effectif ». Même si tous ces vocables demanderaient à être précisés, les deux qui sont mis entre guillemets me semblent particulièrement obscurs. Le possible dont il s'agit n'est pas celui de la métaphysique de Leibniz, lequel se réduit au principe de non-contradiction : tout agrégat d'éléments que l'on peut penser ensemble de manière cohérente est possible. La phénoménologie dont se réclame Michaël Fœssel voit par contraste le possible comme émergeant « au cœur de l'expérience sensible », « comme espace de ce qui ne peut pas être donné autrement que de manière inachevée », comme « lieu métaphysique » d'une indétermination radicale qui permet par là même l'action humaine. Qu'est-ce que le monde dans son rapport avec le possible ? Selon Michaël Fœssel, qui reprend la leçon de Heidegger, « rien d'autre que la totalité de possibles qui caractérise l'existence humaine et la distingue absolument des choses qui sont "dans" le monde. L'angoisse révèle que l'homme est voué au monde non pas comme à un tout dont il ferait partie, mais comme à un "lieu" indéterminé sur lequel il projette ses possibilités d'existence. Ces dernières ne sont inscrites nulle part, aucun fondement n'en limite *a priori* l'étendue, nulle finalité n'en prescrit le déploiement[1] ».

Qu'est-ce, par contraste, que l'effectivité, y compris celle qui caractérise la vie « nue » de l'homme par opposition à son « existence » ? Après Husserl, Michaël Fœssel prend l'exemple du principe d'inertie, auquel Galilée eut recours au XVIIe siècle sans jamais vraiment le formuler :

> [Ce principe] présente sous la forme d'une loi ce qui n'est jamais donné que de manière présomptive dans la perception. En l'occurrence, les anticipations qui caractérisent l'expérience [...] accèdent au rang de prévisions certaines qui permettent de fixer par avance la vitesse et la position d'un corps à un moment donné du futur. Le principe d'inertie rend présent ce qui ne l'est pas encore, il produit d'ores et déjà l'avenir *sous la forme d'une pleine effectivité*. Tout en étant parfaitement exact sur un plan objectif, il contredit la manière, toujours approximative, dont les choses apparaissent dans le monde dans la perception[2].

1. *Ibid.*, p. 180.
2. *Ibid.*, p. 193.

L'effectivité, c'est donc les processus naturels en ce qu'ils sont réglés par des lois immuables, un déterminisme qui, rendant l'avenir présent, met en péril la possibilité d'un monde, ce « lieu métaphysique de l'imperfection puisqu'il rassemble toutes les choses qui souffrent de la morsure du temps ». Préserver le monde est une exigence politique et cela « parce que la forme de possible qu'il incarne est menacée par le triomphe de la logique abstraite et de la raison instrumentale dans la pensée de l'action [...] : il n'y a plus de monde là où les choses et les êtres semblent fonctionner sans nous, selon une logique immanente qui exclut toute intervention humaine[1] ».

Je ne suis pas sûr d'avoir pleinement rendu justice à une analyse ardue mais qui ne brille pas par la complexité de ses nuances, mais je m'aventure néanmoins à dire comment un logicien et philosophe des sciences pourrait réagir à de tels propos.

Un premier paradoxe saute aux yeux. Il faut choisir le monde et non la vie, soit, mais la vie, fût-elle la plus nue qui soit, réduite à ce qu'en dit sa science, la biologie, est la condition de possibilité du monde. Pour que le monde soit, il faut que la vie soit, mais la

1. *Ibid.*, p. 194.

préservation de la vie détruit la possibilité du monde. Il semble que l'existence même d'un monde, quelle que soit la définition que l'on en donne, relève du miracle. Deuxièmement, c'est par pétition de principe que l'on énonce que la vie et son « effectivité » sont fermées au « possible ». On a décrété que seul l'être spécifique de l'homme, en tant qu'existence concrète dans le monde, en situation, bénéficiait de l'ouverture audit possible. On en infère qu'il n'y a rien dans le monde naturel qui échappe à la répétition du même. On n'a en vérité rien démontré du tout.

Troisièmement, en prenant, après Husserl, comme modèle de la science la révolution galiléo-newtonienne qui date du XVIIᵉ siècle, Michaël Fœssel ignore les enseignements de quatre ou cinq révolutions scientifiques ultérieures qui ont radicalement changé non seulement ce qu'est la démarche scientifique, mais aussi et surtout la philosophie des sciences et l'épistémologie. Je m'attache ici à deux de ces révolutions ou changements de paradigme qui ont un rapport étroit avec la discussion présente : la complexité et le post-génomique.

Le mot de « complexité » a été tellement galvaudé par une foule de vulgarisateurs en tout genre qui le confondent avec la complication qu'on a oublié, ou n'a jamais su, ce qu'est le paradigme de la complexité. Ce génie des mathématiques que fut John von Neumann le porta sur les fonts baptismaux en 1948 dans le cadre d'un symposium de la fondation Hixon, sous la forme d'une conjecture que l'on peut résumer ainsi : il existe des êtres complexes au sens qu'ils peuvent produire des êtres plus complexes qu'eux. Une telle définition est dite « récursive » en ce que le terme à expliquer se retrouve dans ce qui est censé l'expliquer. L'argumentation de von Neumann était essentiellement logique, mais il songeait à la vie en la formulant [8]. Les implications de cette postulation d'existence sont capitales et elles bouleversent les traits du paradigme galiléen à quoi Michaël Fœssel réduit toute science. Un enchaînement réglé de causes et d'effets peut produire de l'imprévisible. Il peut engendrer des niveaux supérieurs d'organisation qui ne sont pas réductibles à cela même qui les a engendrés et qui peuvent à leur tour agir sur les conditions de cette genèse. Un terme clé, synonyme de complexité, est celui d'autotranscendance : le niveau supérieur « boucle » sur le niveau inférieur alors qu'il en provient. Le fondement est fondé par ce qu'il fonde.

L'opposition binaire entre transcendance et immanence apparaît simpliste au regard du paradigme de la complexité. Simpliste et non pas simple, car le simple peut engendrer le complexe. L'imperfection, l'imprévisibilité, l'inachevé, voire l'indéterminé sont des traits du monde de la nature et de la vie non moins que de l'existence humaine au sens phénoménologique et, surtout, une démarche scientifique peut en rendre compte.

Von Neumann était en 1948 l'un des membres importants d'un groupe de savants, d'ingénieurs et de philosophes qui, après qu'ils se furent définis comme spécialistes des « mécanismes téléologiques », allait se donner le nom de « cybernétique »[1]. J'ai montré ailleurs que, sans doute parce qu'il s'était laissé prendre au piège de l'étymologie de ce mot (la science du gouvernement), Heidegger s'est complètement mépris sur le sens de cette nouvelle discipline, laquelle allait engendrer tant les sciences de la cognition que la théorie des systèmes complexes à auto-organisation, deux progénitures qui allaient rejeter leur mère. En l'élevant au rang de « métaphysique de l'âge atomique », Heidegger la rabaissait en réalité au statut de pointe avancée de l'histoire de la métaphysique occidentale qui fait du sujet humain la mesure de toutes choses, transparent à lui-même et maître de ses actions. J'ai montré que la visée de la cybernétique était l'inverse : la mécanisation, donc la déconstruction, de la vie et de l'humain, et non

---

1. J'ai rendu compte de la percée conceptuelle opérée par von Neumann au sein du groupe cybernétique dans mon *On the Origins of Cognitive Science : The Mechanization of the Mind*, Cambridge (Mass.), The MIT Press, 2009.

pas l'anthropologisation de la machine[1]. Ce n'est pas un hasard si la révolution de la biologie moléculaire, fondée sur la notion de « *programme* génétique », est née au sein de la cybernétique.

C'est par le paradigme de la complexité et de l'auto-transcendance que la biologie théorique a pu s'extirper du carcan de « l'effectivité » cybernétique : ce fut la révolution post-génomique. Elle allait mettre au centre de l'organisation biologique l'impact du métabolisme cellulaire sur ce qui est censé le coder, ce programme génétique qui apparaît dès lors comme capable de « se programmer lui-même », exploit qu'aucun programme d'ordinateur n'est (encore ?) capable d'accomplir[2].

Il est parfaitement légitime de tout ignorer de ce chapitre passionnant dans l'histoire des idées scientifiques. Mais alors, qu'on ne fasse pas comme si cette histoire s'était arrêtée définitivement au début du XVIIe siècle ! Ceux qui se contentent de répéter aujourd'hui les erreurs de Heidegger ont moins d'excuses que lui, car ils ont le recul d'au moins un demi-siècle. Il est encore moins indispensable de savoir ce qui précède

---

1. Cf. Jean-Pierre Dupuy, « Cybernetics is an Antihumanism : Advanced Technologies and the Rebellion Against the Human Condition », *The Global Spiral*, 5 juin 2008. © 2008 Metanexus Institute.
2. Cf. Henri Atlan, *Le Vivant post-génomique*, Paris, Odile Jacob, 2011.

pour aimer la vie et s'émerveiller de tout ce dont elle est capable. Car ce qu'elle peut, en termes de création de mondes, n'est pas moins prodigieux que ce que peuvent les hommes. Mais pourquoi les opposer et les mettre en concurrence, alors qu'il s'agit au contraire de les réconcilier ?

*

*   *

J'ai laissé pour la fin ce qui pour moi est le plus douloureux : l'héritage d'Ivan Illich.

La première fois que j'ai vu Ivan Illich, c'était sur un écran de télévision. Il était interviewé par le directeur de la revue *Esprit*, Jean-Marie Domenach, dans la cour d'un hôtel particulier de la rue de l'Université, à Paris. Nous étions en 1971 ou 1972. Ce qui frappait d'emblée chez Illich, c'était son profil d'oiseau de proie et sa voix tout à la fois suave et tranchante, l'aristocratique accent d'Europe centrale se mariant à une façon presque brutale d'accentuer la dernière syllabe des mots. La conversation avait duré plus d'une heure, lorsque Domenach posa la question qui était restée en arrière-plan tout au long de l'entrevue : « Et l'Église, Ivan, l'Église, dans tout cela ? » La question était d'autant plus pertinente pour qui connaissait les éléments de base de la biographie de cet homme fascinant, né à Vienne en 1926, qui avait été prêtre et même *Monsignore* dans la hiérarchie de l'Église catholique avant d'être soumis à un procès inquisitorial à Rome.

Comme il le faisait habituellement, Illich se recueillit l'espace d'un instant avant de lâcher : « L'Église, c'est une putain, mais c'est aussi ma mère. »

Comme beaucoup de téléspectateurs sans doute, je restai interdit. Domenach était un ami et je savais par lui qu'Illich, auteur de deux livres qui avaient déjà créé beaucoup de controverses, *Libérer l'avenir* et *Une société sans école*, avait mis en chantier un programme de recherches, de rencontres et de discussions sur l'institution médicale, à Cuernavaca, à quelque soixante kilomètres au sud de la ville de Mexico, où il s'était établi. Domenach, qui savait que je travaillais moi-même sur le sujet, nous présenta l'un à l'autre et ce fut le début d'une amitié qui ne devait s'éteindre qu'avec la mort d'Illich, en décembre 2002[1].

Je fis plusieurs séjours à Cuernavaca, travaillant en particulier à l'opuscule *Énergie et Équité*[2], une critique

---

1. Note du 20 septembre 2020. Jean-Michel Djian vient de publier au Seuil une remarquable biographie d'Ivan Illich intitulée : *Ivan Illich. L'homme qui a libéré l'avenir*. On y trouve de précieuses indications sur ce que fut l'itinéraire de cet homme exceptionnel.
2. Paris, Seuil, 1973.

du système de transports et une démystification plus pertinente que jamais de l'idée que nous aurions un besoin d'énergie toujours croissant. C'est durant l'hiver 1975 que je rédigeai en étroite complicité avec Illich ce qui allait devenir la version française de son grand ouvrage sur la médecine, sous le titre *Némésis médicale*[1].

J'évoque ces circonstances car elles me replongent dans une époque et un lieu si éloignés des nôtres que je me demande parfois s'ils ont jamais existé. Tous les hivers, très doux et ensoleillés dans cette région du Mexique, le monde entier accourait à Cuernavaca dans le but d'esquisser les chemins d'une métamorphose. On y parlait toutes les langues, et bien évidemment l'espagnol. Celui d'Illich était fort bon et lui permettait de jouer sur le double sens du mot « *salud* » : santé et salut. Il pouvait donc énoncer dans le même souffle que, de même que l'Église a acquis un « monopole radical » sur la production du salut, la médecine a fait de même en ce qui concerne la production de la santé. Dans un cas comme dans l'autre, il en résulte que plus l'institution croît, plus elle devient un obstacle à la fin même qu'elle est censée servir. C'est là l'origine du concept de contreproductivité.

1. Paris, Seuil, 1975.

Si j'ai apporté quelque chose à nos discussions de l'hiver 1975, c'est d'avoir insisté sur la distinction entre deux formes de contreproductivité, l'une sociale, l'autre structurelle. Comme elles tirent dans deux directions opposées, il était inévitable qu'elles brouillent le message. Selon la première, Illich se présente comme un activiste progressiste ; selon la seconde, comme un penseur qu'on dirait aujourd'hui réactionnaire. Cependant, il n'y a qu'un seul Illich.

À l'époque, mon ami le sociologue Serge Karsenty, trop précocement disparu, et moi-même avions publié un livre qui avait obtenu un certain succès de scandale, *L'Invasion pharmaceutique*[1], dans lequel nous introduisions une notion qui a fait florès, la « médicalisation de la vie », et une formule, « la médecine est devenue l'alibi d'une société pathogène ». Nous entendions par là que beaucoup de maux de la société moderne, tels que la démesure des unités de production, la densité des espaces urbains, l'éclatement des lieux de vie, l'accélération des déplacements, la désagrégation des familles, l'angoisse qui résulte d'une concurrence débridée entre les individus et ainsi de suite, sont traités comme des pathologies susceptibles d'être présentées au corps médical et d'en recevoir une thérapeutique. Ces questions

1. Paris, Seuil, 1974, 1977 (2ᵉ éd.).

qui relèvent de la sphère politique sont ainsi natura-
lisées. La médecine, consciemment ou non, se fait la
complice du *statu quo*. Telle est sa contreproductivité
sociale. Illich reprit à son compte cette analyse.

Il devait le regretter quelque quinze ans plus tard. Sa
technique pour convaincre était de choquer. Le paradoxe
était son arme de prédilection. Lorsque ses idées entraient
dans la conscience commune, surtout lorsqu'elles étaient
reprises par les professionnels qui étaient la cible de sa
critique, elles perdaient tout poids à ses yeux. C'est ce
qui advint au fil des années avec une partie des médecins
qui voyaient bien que ce qu'on leur demandait de plus
en plus d'accomplir ne relevait pas de ce qu'on leur avait
appris sur les bancs de la Faculté. Suivant la leçon d'Illich
telle qu'ils la comprenaient, il leur paraissait désormais
urgent de « dé-médicaliser » la société et de « rendre le
pouvoir aux patients » en encourageant leur autonomie
et en favorisant leur prise en charge personnelle.

Illich répliqua dans une communication qu'il pro-
nonça le 14 septembre 1990, à Hanovre, en Allemagne,
sous le titre significatif et cyrano-esque : « La santé
serait ma responsabilité personnelle ? Non, merci ! » Je
cite ici la conclusion magnifique de cette conférence[1].

1. La version anglaise est publiée sous le titre « Health as one's own
responsibility : no, thank you ! », *Journal of Consciousness Studies*, vol. 1,
n° 1, 1994, p. 25-31. Ma traduction.

Elle illustre en creux ce que j'ai appelé plus haut la contreproductivité structurelle de la médecine :

> Il ne m'apparaît pas qu'il soit nécessaire aux États d'avoir une politique nationale de « santé », cette chose qu'ils accordent à leurs citoyens. Ce dont ces derniers ont besoin, c'est de la courageuse faculté de regarder en face certaines vérités :
> – nous n'éliminerons jamais la douleur ;
> – nous ne guérirons jamais toutes les affections ;
> – nous mourrons certainement.
> Voilà pourquoi, en tant que créatures pensantes, nous devons comprendre que la quête de la santé peut devenir malsaine. Il n'y a pas de solutions scientifiques ou techniques. Il y a l'obligation quotidienne d'accepter la contingence et la fragilité de la condition humaine. Il convient de fixer des limites raisonnées aux soins de santé classiques. L'urgence s'impose de définir les devoirs qui nous incombent en tant qu'individus, ceux qui reviennent à notre communauté, et ceux que nous laissons à l'État.
> Oui, nous avons mal, nous tombons malades, nous mourons, mais il est non moins vrai que nous espérons, nous rions, nous célébrons ; nous connaissons les joies qui s'attachent à prendre soin les uns des autres. Les moyens sont divers qui, souvent, nous permettent de nous rétablir et de guérir. Notre sensibilité n'a pas à suivre un chemin uniforme et banalisé.

J'invite chacun à détourner son regard et ses pensées de la poursuite de la santé, et à cultiver l'art de vivre. Et, tout aussi importants aujourd'hui, l'art de souffrir et l'art de mourir.

Je conçois que ceux qui jugent qu'on fait trop de cas de la pandémie actuelle puissent trouver un réconfort dans ces propos. Ce serait une erreur. Il est toujours malaisé de faire parler les morts mais j'imagine Illich réagissant à la situation actuelle. L'énorme différence qui le séparerait de la doxa des intellectuels, c'est qu'il n'aurait nul besoin de rabaisser la vie pour critiquer la mainmise supposée de l'État et du corps médical sur le déroulement de l'épidémie. La vie, il la voyait comme un art, fait de devoirs et d'obligations, quotidiennes, précisait-il, mais aussi de joies et d'amitiés. Il aurait éclaté d'un énorme éclat de rire – il pouvait être cruel, mais d'une cruauté dirigée seulement contre la bêtise – en entendant le saucissonnage que ces intellectuels font subir à la vie en distinguant entre la vie sociale, la vie économique et la vie nue, brute, la « vie biologique ». Son rire serait devenu colère à entendre cette expression baroque. Il aurait demandé aux sociologues s'ils étudiaient la société sociologique et aux anthropologues s'ils se penchaient sur le sort de l'homme anthropologique.

La critique d'Illich ne porte pas sur l'idolâtrie de la vie humaine en tant qu'elle serait placée sur un piédestal dans la hiérarchie des « valeurs » (mot dont il avait horreur) par l'État allié au corps médical, mais, tout au contraire, sur son avilissement. Dans ce qui est sans doute son meilleur livre, bien que posthume et qui est en fait un entretien avec le journaliste canadien David Cayley[1], Illich dit toute l'horreur qu'il éprouve devant la représentation du corps humain qui fait de celui-ci un assemblage de parties formant système, dont chacune peut être remplacée moyennant finances par une autre prélevée sur un mort. Que dirait-il aujourd'hui des biotechnologies que l'on dit « avancées » et qui visent, les unes à « éditer » le génome humain, les autres à fabriquer de la vie à partir de la non-vie ? Si l'on entend par « vie biologique » la conception de la vie qui est celle de la biologie, le constat est on ne peut plus brutal. François Jacob pouvait écrire en 1970 : « On n'interroge plus la vie aujourd'hui dans les laboratoires. [...] C'est aux algorithmes du monde vivant que s'intéresse aujourd'hui la biologie[2]. » À la question que posait en 1943 le physicien Erwin Schrödinger, « *What*

---

1. Ivan Illich et David Cayley, *La corruption du meilleur engendre le pire*, entretiens traduits de l'américain par Daniel De Bruycker et Jean Robert, Paris, Actes Sud, 2007.
2. François Jacob, *La Logique du vivant*, Paris, Gallimard, 1970.

is Life ? » (Qu'est-ce que la vie ?), question qui devait mener à la découverte de l'ADN comme molécule de l'hérédité et à l'invention, via la cybernétique, de la biologie moléculaire, la revue *Nature* répond de nos jours : « *A silly question !* » (Une question stupide !)[1].

Nos intellectuels s'échinent en vain à dénoncer la sacralisation de la vie. La biologie va plus loin qu'ils n'oseront jamais aller en la réduisant à néant [8].

On a souvent comparé Illich à Michel Foucault en faisant du premier une sorte de disciple du second, lui ayant emprunté son concept de biopouvoir. C'est un contresens. Au moment de la sortie du livre de François Jacob, l'auteur des *Mots et les Choses* ne cachait pas son enthousiasme : « Une biologie sans vie ? [...] Il ne faut plus songer à la vie comme à la grande création continue et attentive des individus ; il faut penser le vivant comme le jeu calculable du hasard et de la reproduction[2]. » On ne saurait être plus éloigné de la pensée d'Illich. Foucault serait probablement aujourd'hui l'un des porte-drapeaux de cette mode sinistre qui dénigre la vie.

---

1. Philip Ball, « What is Life ? A silly question ! », *Nature*, 28 juin 2007.
2. Michel Foucault, compte rendu du livre de François Jacob, *La Logique du vivant*, dans *Le Monde*, 16 novembre 1970.

C'est dans le livre d'entretiens qu'il a eus avec David Cayley qu'Illich, pour la première fois, a parlé de la façon dont il aimerait mourir. Il raconte le dernier jour du frère dominicain Girolamo Savonarola, qui fut exécuté pour hérésie à Florence le 23 mai 1498. Avec deux autres frères qui l'avaient soutenu publiquement, il devait être pendu avant d'être brûlé, signe de la civilisation avancée de la capitale toscane, note Illich avec ironie. Savonarole se tourne vers l'un de ses compagnons et lui dit : « Il m'a été révélé cette nuit que, lorsqu'on t'emmènera au gibet, tu devras dire : "Non, ne me pendez pas, brûlez-moi vivant." Nous ne sommes pas maîtres de notre mort. Soyons heureux si nous pouvons mourir de la mort que Dieu nous assigne. » Si l'on se limite à dire qu'Illich prêche la reconquête de l'autonomie face à l'emprise de la médecine, on ne comprend pas qu'il ait pu s'opposer à ce que beaucoup aujourd'hui considèrent comme un progrès « éthique », la libre décision concernant le moment de sa mort. La vie, pur don chaque jour miraculeusement renouvelé, est plus forte que la mort. Elle sait mieux que nous quand ce sera le moment.

Hélas, mille fois hélas, David Cayley lui-même, qui sut confesser Illich jusqu'à lui faire dire des choses qu'il n'avait jamais dites auparavant, en particulier sur la façon dont sa foi a informé sa pensée, a succombé à l'air du temps. Dans un article d'avril 2020 intitulé « Questions posées à la pandémie actuelle du point de vue d'Ivan Illich[1] », il multiplie les poncifs et manifeste son ignorance. Cela commence bien sûr par la classique minimisation de la gravité de la pandémie. « Peut-on vraiment dire qu'une épidémie de grippe [*sic* !][2] qui semble surtout tuer les vieux [re-*sic* !] et les personnes vulnérables est comparable [aux maladies] qui ravagent des populations entières ? » Quant au sentiment de crise et de panique qui s'est emparé de la planète entière, il est selon lui bien davantage le résultat des mesures prises pour contenir l'épidémie que de l'épidémie elle-même. Le simple fait d'avoir nommé « pandémie » la circulation du virus a contribué à la « construction sociale » de l'événement en tant que catastrophe globale. Concernant ces mesures, leur but principal était de protéger le système de santé bien

---

1. David Cayley, « Questions about the current pandemic from the point of view of Ivan Illich », *Quodlibet*, 8 avril 2020.
2. L'assimilation de la Covid-19 à une grippe est un des leitmotive du covidoscepticisme. C'est une erreur d'autant plus sérieuse qu'elle est souvent commise volontairement pour rabaisser la gravité de la pandémie. Le virus SARS-CoV-2 est beaucoup plus semblable à celui du sida qu'à celui de la grippe. La manière dont il tue, même une fois qu'il a disparu de l'organisme qu'il a parasité, en rendant le système immunitaire incapable de distinguer le soi du non-soi, rapproche la Covid-19 des maladies auto-immunes [**12**]. Ces questions sont très difficiles et la recherche est loin d'avoir tranché.

plus que les malades. Ceux-ci auraient très bien pu s'en sortir en prenant soin les uns des autres « à la maison » (re-re-*sic* !).

J'ai presque honte de rapporter ces fariboles, mais il y a plus grave. David Cayley affirme comme Illich que la vie qu'il s'agit de préserver est une vie statistique, qui s'additionne aux autres comme des anchois dans une boîte d'anchois, pour produire des chiffres faramineux qui battent chaque jour de nouveaux records, et non la vie vécue, ressentie, la vie authentique. À la fin avril, le seul État de New York totalisait 1 000 morts par jour, soit un rythme de 30 000 morts par mois, et presque 400 000 morts par an. À quelle expérience vécue ces grandeurs peuvent-elles se rapporter ? Cela ne l'empêche pas de parler, avec Olivier Rey et d'autres, de l'idolâtrie de la vie nue et de la divinisation de la santé.

Le cas est intéressant, car il s'agit de disciples d'Illich qui succombent à la mode du covidoscepticisme. D'un côté, ils reprennent fidèlement ses idées. Ainsi, Olivier Rey : « Jadis, la mort était le terme nécessaire de la vie terrestre, que la médecine pouvait dans certains cas retarder. Aujourd'hui, la mort est un échec du système de santé[1]. » Cela fait écho à l'une des formules célèbres

1. Olivier Rey, *L'Idolâtrie de la vie, op. cit.*, p. 16.

d'Illich, qu'il reprit de nombreuses fois : « Ne nous lais-
sez point succomber au diagnostic, mais délivrez-nous
des maux de la santé[1]. » De l'autre côté, ces mêmes
intellectuels se séparent de lui en un point crucial qui
touche à la prétendue sacralisation de la vie.

À la lumière de la critique illichienne, quelque chose
apparaît paradoxal dans la critique covidosceptique du
biopouvoir. Ce dernier sacrifierait tout, les libertés,
l'économie et jusqu'au loisir que nous avons de penser à autre chose qu'à cette fichue pandémie[2], et cela
pour sauver le maximum de vies possible. Mais ce but
implique que les vies que l'on sauve *en masse* sont de
l'espèce « vie biologique », celle que nous partageons
avec tous les êtres vivants, donc la moins spécifique-
ment humaine. Ainsi, en sacrifiant tout à une idole,
la vie, on rendrait celle-ci insignifiante. Il faudrait
admettre que le biopouvoir ne verrait pas l'incohérence
qu'il y a à placer au-dessus de tout une valeur, la vie,
qui perdrait toute valeur du fait même de la priorité
qu'on lui donne. Il y a peu de divinités qui s'évanouis-
sent lorsqu'on leur offre des sacrifices.

1. In David Cayley, *Entretiens avec Ivan Illich*, Saint-Laurent (Qué-
bec), Bellarmin, 1996.
2. Note du 1ᵉʳ novembre 2020. Qu'on me pardonne de songer ici
au cri d'exaspération de Donald Trump, en fin de campagne électorale :
« Covid, Covid, Covid ! Les médias "fake news" n'ont que ce mot à la
bouche. »

Mais est-il vrai que le fait de compter les morts en masse, une pratique qui n'a pas toujours existé et date probablement de la Révolution française, conduit nécessairement à dégrader la vie ? Il est utile de savoir que la Première Guerre mondiale a fait 10 millions de morts, et la Seconde, 60 millions. Il est essentiel de réfléchir au fait que l'Amérique, en 1961, planifiait une guerre nucléaire mondiale qui aurait provoqué un milliard de morts, soit le tiers de la population mondiale de l'époque[1]. Nous ne pouvons pas imaginer ce que signifient ces chiffres, qui sont une pure abstraction. Comme repères, cependant, ils sont indispensables. Ce n'est pas la statistique qui rend tous les cadavres interchangeables. C'est la guerre, ou bien l'épidémie. Le protagoniste de *La Peste* d'Albert Camus, le docteur Rieux, est accusé par un journaliste un peu trop sentimental de « vivre dans l'abstraction ». Le narrateur, qui n'est autre que Rieux, note :

> Était-ce vraiment l'abstraction que ces journées passées dans son hôpital où la peste mettait les bouchées doubles, portant à cinq cents le nombre moyen des

---

1. Daniel Ellsberg, *The Doomsday Machine : Confessions of a Nuclear War Planner*, New York, Bloomsbury, 2017, p. 2-3. On peut lire mon commentaire dans *La guerre qui ne peut pas avoir lieu. Essai de métaphysique nucléaire*, Paris, Desclée de Brouwer, 2018, p. 31-34.

victimes par semaine ? Oui, il y avait dans le malheur une part d'abstraction et d'irréalité. Mais quand l'abstraction se met à vous tuer, il faut bien s'occuper de l'abstraction[1].

À supposer même que le biopouvoir ait l'effet destructeur de la vie et de la santé que la critique lui reproche, il n'en découle aucunement que la vie ne mérite pas d'être protégée si elle est attaquée par ailleurs. Cette proposition serait une évidence si la critique n'avait pas brouillé les cartes, comme on vient de le voir, en confondant sacralisation et dégradation. Or, protéger la vie, c'est exactement ce que fait Illich en la traitant comme un pur donné et en dénonçant le biopouvoir qui la réduit à un matériau que les hommes façonnent à merci pour satisfaire leurs besoins. C'est la vie que la critique illichienne défend, sans pour autant l'« idolâtrer ».

1. *La Peste* (1947), Paris, Gallimard, coll. « Folio », 1972, p. 85.

4

Entretien avec Antoine Reverchon
Le Monde, *4 juillet 2020*

*Vous avez forgé le concept de « catastrophisme éclairé »
dans votre livre de 2002, souvent cité dans les débats sur
les menaces qui pèsent sur l'avenir de l'humanité, comme
le changement climatique, les catastrophes industrielles
et technologiques, la guerre nucléaire, etc. À quoi nous
sert-il dans le cas d'une catastrophe naturelle, comme la
pandémie de Covid-19 ?*

Je crains qu'il ne serve à rien. Beaucoup de mes col-
lègues, penseurs et philosophes, ont été trop heureux
de prétendre que les événements confirmaient ce qu'ils
avaient toujours pensé. Certains, comme les collapsologues, n'ont même pas cherché à réprimer la joie que
leur procurait la survenue d'un effondrement à l'échelle
mondiale qu'ils n'avaient prévu que dans dix ans. Dans
l'ensemble, le monde intellectuel français s'est montré
inapte à se laisser bousculer par l'événement. On peut
lui appliquer ce qu'a écrit Michel Houellebecq : « Nous

ne nous réveillerons pas, après le confinement, dans un nouveau monde ; ce sera le même, *en un peu pire.* »

Le catastrophisme éclairé – expression que j'essaie de ne plus utiliser à présent tant elle a prêté à confusion – procède d'une réflexion sur le rôle du prophète de malheur dans le monde d'aujourd'hui, face aux menaces que vous citiez. Mais s'il n'a rien à dire au sujet de la situation actuelle, ce n'est pas parce qu'il s'agit d'une catastrophe naturelle, mais parce que nous avons été plongés du jour au lendemain dans le maelström de cette épidémie. Le paradoxe du prophète de malheur, que j'ai tenté d'éclairer pour mieux le dépasser [13], est qu'il annonce le malheur à venir pour que ceux qui l'écoutent trouvent l'énergie et l'intelligence de faire que ce malheur ne se produise pas. Il n'est donc bon prophète que pour autant qu'il est un faux prophète, dont la parole est démentie par les effets mêmes qu'elle produit dans le monde. Mais dans le cas présent, nous sommes déjà dans la catastrophe. Il est trop tard pour l'éviter. Cela ne veut évidemment pas dire que le philosophe des catastrophes reste sans voix.

Diriez-vous que cette catastrophe est « naturelle » – après tout le virus est une espèce vivante, « qui vit sa vie » –, ou bien qu'elle est « morale » – les hommes payent le prix de leur inconduite ?

Ni Thucydide commentant la peste d'Athènes, ni Procope celle de Justinien n'avaient l'idée d'une transmission horizontale de quelque chose qui circulerait de personne à personne, ce que nous appelons la contagion. Ils observaient certes que c'est lorsqu'ils étaient rassemblés en un même lieu que les individus étaient le plus susceptibles de tomber malades, mais ils en inféraient que le mal venait d'en haut – d'où le mot épidémie qui signifie au-dessus (*epi*) du peuple (*demos*). Il fallait que ce quelque chose fût commun à tous, car s'ils ne mouraient pas tous, tous étaient frappés. C'est donc dans l'air qu'ils respiraient et ses miasmes que devait se trouver l'explication. Mais derrière celle-ci venait la vraie cause, qui était la vengeance des dieux, que par exemple la déesse Némésis exécutait. Cette notion nous est-elle devenue étrangère ? Des écologistes radicaux n'hésitent pas à dire que c'est la Nature qui se venge de la manière dont les hommes la maltraitent. Et ce n'est pas seulement une façon « symbolique » de parler, car ils font de cette Nature une quasi-personne dotée de droits, qu'ils nomment Gaïa. Ivan Illich a publié en 1975 une critique radicale du monopole que l'institution médicale exerce sur la santé, qui est plus pertinente que jamais. De façon révélatrice, il l'a intitulée *Némésis médicale*.

Dans l'histoire des conceptions occidentales du mal, ce n'est cependant pas cette vision religieuse qui l'a emporté. Là où était Dieu, les hommes ont mis l'Homme à la place. La mise en jugement de Dieu, qui se dit *théodicée* en grec, a laissé la place à la mise en accusation de l'homme par l'homme, soit une *anthropodicée* selon le mot de Vladimir Jankélévitch[1]. C'est Jean-Jacques Rousseau qui est le principal responsable de cette substitution. Six ans après avoir répondu à Voltaire dans ce sens à propos du tremblement de terre de Lisbonne, il écrit dans l'*Émile* : « Homme, ne cherche plus l'auteur du mal ; cet auteur c'est toi-même. Il n'existe point d'autre mal que celui que tu fais ou que tu souffres, et l'un et l'autre te vient de toi. »

Après Rousseau, la catégorie de « catastrophe naturelle » n'a plus eu droit de cité. Prenez un tremblement de terre, une explosion volcanique, un tsunami, des ouragans, une sécheresse, un déluge, vous trouverez toujours des causes humaines, donc des responsables, donc des coupables. Pour ce virus au nom que personne ne prononce, le SARS-CoV-2, c'est la même chose : on a le choix entre la Chine, la biotechnologie des virus, le commerce des animaux sauvages, les atteintes à la biodiversité, les transports aériens bon marché et, pourquoi pas, l'Anthropocène et le néolibéralisme. Il peut y avoir du vrai dans chacune

---

1. *Le Je-ne-sais-quoi et le Presque-rien*, Paris, Seuil, 1981.

ou certaines de ces imputations et du bon dans la recherche de ces causes, car elle mène à l'invention de remèdes. Kant n'appelait-il pas Rousseau le « Newton du monde moral » ?

Le problème est que si nous sommes la seule cause des maux qui nous frappent, alors notre responsabilité devient démesurée. Némésis punissait déjà l'orgueil que nous manifestons d'avoir créé un monde qui nous est propre. Quel sort nous réservera-t-elle pour l'ambition que nous avons de vouloir le sauver ?

Un monde humain complètement fermé sur lui-même, que lui manque-t-il ? Certes pas Dieu, car c'est contre lui que cette clôture s'est faite. Il lui manque ce que les philosophes appellent la contingence, que l'on peut aussi appeler le hasard, l'accident, bref, ce qui échappe à la maîtrise des hommes et qui fait que la question que toujours les victimes posent, « pourquoi ? », n'a pas de réponse.

Comment analysez-vous le croisement qui s'est opéré entre l'expertise technico-scientifique (en l'espèce médicale) et le choix politique ?

À cette question, même si on n'a pas lu Foucault, on pense la réponse en termes de pouvoir. Le « bio-pouvoir » que les médecins exerceraient serait en passe de l'emporter sur le pouvoir politique. Les experts seraient les maîtres du jeu.

Mais je crois que le problème est beaucoup plus profond et qu'il a à voir avec l'inculture scientifique de nos dirigeants. Nous vivons dans des sociétés complètement façonnées par la science et la technique, et qui sont gouvernées par des hommes et des femmes le plus souvent analphabètes en la matière. Ce n'est pas qu'ils ne disposent pas de ce qu'on appelle l'information scientifique. Cette information, ils peuvent, eux ou leurs conseillers, la trouver dans des rapports, des livres, des fiches rédigées par des experts ou copiées sur Wikipédia, quelques émissions de radio. Ce n'est pas de cela qu'il s'agit. Ce n'est même pas que leur formation soit purement littéraire ou managériale – car on peut être un grand homme de lettres et avoir accès aux idées de la science.

Le problème se situe beaucoup plus en amont et provient du fait que la science ne fait pas culture. Et de cela, beaucoup sont responsables, à commencer par les scientifiques eux-mêmes.

Je vais prendre un exemple de ce que j'appelle « idée de la science », particulièrement important en matière d'épidémiologie. C'est le concept de « rétroaction positive » (traduction de l'anglais *positive feedback*) qui date de l'année 1943 et est né au sein de cette cybernétique dont Heidegger a dit qu'elle était « la métaphysique de l'âge atomique » [8]. Toute personne qui a manipulé un thermostat sait ce qu'est une rétroaction négative. L'écart entre la température de la pièce et celle que l'on vise est réintroduite dans le système de chauffage, l'intensifiant ou le ralentissant suivant que cet écart est négatif ou positif, jusqu'à ce que l'écart s'annule. La rétroaction négative est facteur d'équilibre et de conservation. Par contraste, le symbole de la rétroaction positive est la figure traditionnelle du serpent qui se mord la queue, soit *ouroboros* en grec, symbole non pas du cercle vicieux mais de la création et de l'ouverture des possibles.

Les épidémies illustrent spécialement bien cette figure sous la forme d'une réaction en chaîne, les nouveaux contaminés devenant *ipso facto* des contaminants, l'effet se faisant lui-même cause. Suivant que le nombre moyen de nouvelles contaminations produites par chaque contamination est supérieur ou inférieur à un, la dynamique explose ou bien s'éteint. Mais il y a bien d'autres possibilités. La fonction mathématique qui formalise cet ensemble de dynamiques est la fonction exponentielle. Sa particularité, qui vaut définition, est que l'accroissement de sa valeur par unité de temps est proportionnel à cette valeur. Dans la phase explosive de l'épidémie, plus la vitesse de propagation est forte, plus forte est l'accélération.

Qui comprend cela conçoit qu'une dynamique explosive puisse naître d'un presque-rien ou d'un je-ne-sais-quoi. Qu'est-ce qui fait que la France s'en est plus mal sortie, apparemment, que l'Allemagne ? Un événement singulier, la réunion de plus de 2 400 fidèles de l'Église de la Porte ouverte chrétienne à Mulhouse, en février, a pu suffire à faire la différence, de même que les deux semaines de retard qu'a prises l'Amérique de Trump pour réagir ont pu causer 55 000 morts. Tout se passe comme si la contingence devenait un facteur causal. On peut concevoir que quiconque ne saisit pas cela soit conduit à confondre Dieu et le hasard.

Le mimétisme, que ce soit dans les domaines religieux (les cérémonies rituelles impliquent la présence d'importantes communautés en un même lieu), touristique (on ne va pas là où il y a des touristes mais tous les touristes se retrouvent au même endroit), économique (la recherche des rendements d'échelle implique la concentration géographique), urbanistique (les villes attirent parce qu'elles ont déjà attiré beaucoup de monde) ou autres, explique l'ubiquité de la rétroaction positive dans l'organisation spatiale des activités humaines. On s'agglomère là où il y a déjà une agglomération. De là les fameux « *clusters* », ou rassemblements, dont on sait qu'ils sont des « super-propagateurs » (*superspreaders*, en anglais) dans la diffusion du virus.

Dans le modèle qui aura été si influent du théoricien des systèmes complexes, Albert-László Barabási, ces agglomérations sont les plaques tournantes (*hubs*) d'un réseau en forme de « petit monde » : tous les nœuds du réseau sont rendus proches les uns des autres par la médiation de ces plaques tournantes[1]. On peut montrer qu'un virus circulant dans une telle structure a le plus grand mal à être stoppé [11].

Beaucoup d'intellectuels français sont aussi ignares que les politiques en matière de culture scientifique. Certains en tirent fierté. On ne s'étonne pas qu'ils soient aussi des « covidosceptiques ». Tout ce foin, toute cette panique pour pas grand-chose ! s'écrient-ils. La malnutrition tue 9 millions de personnes – dont 3 millions d'enfants – chaque année, alors qu'est-ce que ce virus apporte de plus à la condition mortelle de l'homme ? Le 18 juin, la Chine a vu naître une résurgence de l'épidémie, jugeant la situation « extrêmement grave ». La vie avait pourtant repris son cours normal depuis deux mois. Une campagne massive de dépistage a été organisée, le confinement décrété derechef, toutes les écoles de nouveau fermées. L'origine de cette fébrilité ? La découverte en cinq jours de 100 malades liés

---

1. Albert-László Barabási, *Linked : The New Science of Networks*, New York, Perseus, 2002.

à un marché de Pékin. Nos intellectuels ont failli s'en étrangler. La Chine avait pourtant vu juste. C'est dans l'œuf qu'il convient d'étouffer tout nouveau départ de l'épidémie.

Pourquoi les mesures de confinement ont-elles suscité un tel scepticisme en France ?

J'ai eu beaucoup de mal à comprendre pourquoi tant de commentaires s'ingéniaient à trouver qu'on en avait beaucoup trop fait étant donné la relative modestie du mal, avec pour l'instant moins de 30 000 victimes. Il m'a fallu du temps pour repérer la prévalence d'un sophisme dans l'opinion publique, le sophisme connu sous le sigle « Y2K » (pour *Year 2000*, « an 2000 »), en référence à ce qui s'est passé au moment du (faux) passage au xxIe siècle. On craignait alors que tous les ordinateurs du monde ne s'arrêtassent, pour cause d'un codage inadéquat du numéro de l'année, car limité aux deux derniers chiffres, l'année suivant 1999 apparaissant non comme 2000 mais comme 1900 [5].

Finalement, la catastrophe n'a pas eu lieu et tout s'est bien passé. Mais des centaines de milliards de dollars avaient été dépensés de par le monde pour changer complètement les systèmes d'information. Inévitablement, on en a inféré que le problème n'était pas si grave et qu'une bonne partie de cet argent avait été dépensée en vain. Les covidosceptiques, dont certains sont des philosophes patentés, plongent à pieds joints dans le même paralogisme. Or la logique n'est pas moins importante pour la philosophie qu'elle ne l'est pour la science. Tout se passe selon eux comme si des mesures coûteuses et contraignantes devenaient superfétatoires au moment même où elles réussissent.

Ce sont ces idées de la science qu'il convient d'enseigner à tous, de l'école primaire jusqu'à l'ENA, si celle-ci existe encore, et les questions de pouvoir se poseront alors différemment.

Mais la question de la gravité de la crise économique due au confinement, elle, se pose bel et bien. La protection de la vie humaine l'aurait-elle emporté sur les impératifs de la croissance ?

Dans un livre publié au lendemain de la crise du capitalisme de 2008-2009, laquelle aurait dû provoquer, mais ne l'a pas fait, un éclatement du paradigme économique, livre sous-titré « Sortir de l'écono-mystification »[1], je prévoyais que la pierre d'achoppement de la pensée économique, la pierre de scandale sur laquelle elle buterait et trépasserait, serait l'économie des soins médicaux.

---

1. Jean-Pierre Dupuy, *L'Avenir de l'économie*, Paris, Flammarion, 2012.

C'est probablement dans la manière dont les économistes traitent de la question de la mort que se révèle le mieux cette incroyable insensibilité aux éléments les plus basiques de la condition humaine qui caractérise leur profession. La crise actuelle l'illustre de façon saisissante.

Le 27 avril, donc en plein confinement, l'excellente émission *Entendez-vous l'éco* de France Culture était consacrée à la question que vous me posez. L'invité était l'économiste Christian Gollier, directeur de l'École d'économie de Toulouse. Cette institution prestigieuse, qui compte dans ses rangs notre deuxième prix Nobel en la matière, Jean Tirole, est souvent critiquée pour être l'un des bastions du « néolibéralisme ». Je préfère dire que c'est un des hauts lieux de l'« économystification », ses membres ayant des œillères particulièrement épaisses.

À la question de savoir si le choix du confinement avait été judicieux, Christian Gollier répondit honnêtement que nous n'avions pas le choix : sans confinement, le bilan sanitaire serait (aurait été) insupportable – peut-être un million de morts à la fin de 2020. Mais c'est lorsqu'il se lança dans des considérations méthodologiques que les choses se gâtèrent. Le concept de base de l'économie de la santé, rappela-t-il, est celui de valeur de la vie humaine [10]. En dépit de l'adage selon lequel « la vie n'a pas de prix » ou « on fera tout quoi qu'il en coûte », nous arbitrons quotidiennement entre notre espérance de vie et d'autres biens, préférences ou valeurs, expliqua-t-il : nous prenons des risques, nous fumons, buvons, dormons peu, achetons une voiture moins chère mais moins sûre, etc. C'est donc que nous accordons, chacun d'entre nous, une valeur finie à notre vie, révélée par nos choix. Si la puissance publique pouvait collecter ces valeurs, organiser un débat démocratique à leur sujet et en tirer une valeur pour la collectivité, cette valeur serait, selon cet économiste, un indicateur qui permettrait de prendre des décisions conformes à l'intérêt général. Par exemple : faut-il réduire la vitesse maximale sur les autoroutes à 110 km/h ? Les maux et les biens à prendre en compte sont la perte de temps d'un côté, et de l'autre la diminution conjointe du coût en carburant, des émissions de CO_2 et des accidents mortels. Grâce à une valorisation adéquate, toutes ces valeurs, dont celle de la vie humaine, sont convertibles en euros, et le bilan est une simple somme algébrique. Il n'y a pas de raison, selon cet économiste, que l'arbitrage entre santé et économie ne puisse pas se régler selon la même méthode. Le seul problème que Christian Gollier perçoit dans ce calcul est l'absence de démocratie. En France, depuis les années 1970, la valeur de la vie humaine est, dit-il, décidée de façon technocratique. Elle est ainsi aujourd'hui de trois millions d'euros.

Mais vous voyez dans cette extension du domaine de la valorisation économique des problèmes plus considérables ?

Il est des biens qui ne supportent pas de devenir des marchandises sans être corrompus[1]. Les exemples abondent, de l'amour physique à l'obtention de diplômes. Certes, l'économiste a insisté au cours de l'émission sur le fait que la valorisation monétaire de la vie humaine n'en fait pas une marchandise échangeable contre un prix : je ne peux pas, en vous payant trois millions d'euros, faire de vous un esclave. Mais il ne songe pas un instant que si l'argent n'achète pas certains biens sans les corrompre, alors il ne peut pas servir de mesure à tout. Donner une valeur monétaire à un bien, c'est le rendre, malgré qu'on en ait, convertible sur le plan symbolique en argent. L'Insee valorise ainsi le travail domestique des femmes au prix d'un cuistot pour ce qui est de la cuisine. La valeur du temps passé avec ses enfants ? C'est ce qu'on aurait versé à une nounou faisant le même « travail ». Je trouve cela obscène. Qu'en est-il d'une vie humaine, même dite

---

1. Michael J. Sandel, *Ce que l'argent ne saurait acheter*, trad. Christian Clerc, Paris, Seuil, 2014 ; avec une préface de Jean-Pierre Dupuy.

« statistique » ? Peut-on agréger des vies toutes incommensurables entre elles par la magie de l'argent ? Les vies ont-elles toutes la même valeur ? Par exemple celles des jeunes et des vieux ?

Tout le monde aujourd'hui sait que ce virus tue les personnes âgées et épargne dans une grande mesure les plus jeunes. Les annonces du ministère de la Santé nous le serinent constamment. Pourquoi donc les jeunes se sacrifieraient-ils, restant confinés, perdant leur emploi, au service de leurs aînés ? Le choix entre l'économie et la vie se ramène à cette question. Christian Gollier a avancé une solution qui a le mérite selon lui de faire que personne ne se trouve sacrifié : continuons de confiner les vieux, peut-être pour six mois ou un an, et déconfinons les « jeunes ». Laissons ces derniers s'exposer en menant une vie active, ils se contamineront entre eux mais peu seront touchés sévèrement. Ils atteindront ainsi l'immunité collective, au plus grand bénéfice des vieux, qui pourront alors se déconfiner. Ne serait-ce pas là un bel exemple de solidarité et de justice intergénérationnelles[1] ?

1. Note du 23 octobre 2020. La solution de Christian Gollier a force de loi à la Maison-Blanche, portée en particulier par un neuro-radiologiste, professeur à Stanford, le Dr Scott Atlas, lequel n'a pas plus de formation en épidémiologie ou en virologie que son président. Atlas s'inspire d'une « Déclaration de Great Barrington », du nom d'une petite ville du Massachusetts qui abrite l'American Institute for Economic

Le regretté Kenneth Boulding (1910-1993), économiste rarement cité et pourtant précieux, a eu ce mot : « Celui qui croit qu'une croissance exponentielle peut continuer indéfiniment dans un monde fini est soit un fou, soit un économiste. » Par paraphrase, je dirai : celui qui peut proférer les horreurs que Christian Gollier trouve géniales est soit un monstre, soit un économiste.

Comme il est économiste, tout va bien. J'admets que pas mal de gens sont des économistes sans le savoir, en ce sens que, sans être des monstres, ils acceptent l'argument de Christian Gollier. Il faut pour cela qu'ils oublient ceci : si l'hécatombe chez les vieux n'a pas été plus sévère, c'est moins parce qu'ils étaient confinés en Ehpad ou, pour la plupart, chez eux, que parce que les plus jeunes étaient également confinés et ne leur rendaient plus visite. Car ce sont les jeunes qui contaminent leurs aînés. Peut-on dire que les vieux ont de ce fait contracté une dette vis-à-vis des plus jeunes ? Si quelqu'un qui veut ma peau renonce à me tuer, suis-je en dette vis-à-vis de lui ? Ou encore : si quelqu'un dont

Research, pointe avancée du libertarisme américain. Ce centre est financé par le milliardaire Charles Koch, l'un des soutiens de la Maison-Blanche. Le Dr Anthony Fauci, qui est en titre le responsable national pour les maladies infectieuses, a traité les idées contenues dans cette Déclaration de « ridicules ».

l'activité dans le monde menace ma vie renonce à cette activité, suis-je en dette vis-à-vis de lui ? Il me semble évident que la réponse est non dans les deux cas.

Le fait que les jeunes et les adultes soient restés confinés ne fut donc en rien un sacrifice au service de leurs aînés. Quant à la solution de notre économiste, elle fait l'impasse sur la souffrance des personnes âgées, murées dans leur solitude, cherchant parfois ou souvent la délivrance dans la mort. Le président brésilien Jair Bolsonaro l'a dit en des termes choisis : « Nous sommes désolés des ravages que fait le virus chez les vieilles personnes, mais il faut bien qu'elles meurent de quelque chose. »

5

Le sophisme de l'an 2000

2 août 2020

On l'a oublié, mais en 1999, près de la moitié des Américains prévoyant de prendre l'avion pour les vacances d'hiver annonçaient qu'ils ne voyageraient en aucun cas le 1er janvier 2000. Cette date, pour une partie des peuples de la Terre, à la fois fascinait et terrifiait. Certains avaient le vague pressentiment qu'un seuil allait être franchi et que le passage de l'an 1999 à l'an 2000 mènerait à la fin du monde ou à l'avènement d'une nouvelle ère complètement inconnue. Il s'agissait évidemment plus de superstition que d'un vrai sentiment religieux. La différence par rapport au passage à l'an mille, qui, contrairement à la légende, n'a suscité aucune peur, c'est que le monde entier était au courant du passage, tandis qu'en l'an mille, les gens connaissaient rarement leur âge et la plupart ignoraient l'année où ils se trouvaient. L'ironie, c'est que mille ans plus tard, leurs descendants ne savaient toujours pas compter. Ils croyaient que le deuxième millénaire commençait le 1ᵉʳ janvier 2000 alors qu'en réalité il débutait un an plus tard. Contrairement à l'âge des personnes, dont la première année de vie est l'année 0, le premier siècle porte le numéro 1. Deux mille ans plus tard, on est en 2001 et non pas en 2000.

Une ironie plus profonde sous-tendait toute l'affaire. Une toute petite partie de la population avait en réalité très peur, mais cette fois pour d'excellentes raisons, et elle était composée de scientifiques, d'ingénieurs et de techniciens. Et c'est bien le passage à l'an 2000, et non le changement de millénaire, qui les paniquait. L'informatisation de tous les secteurs de la société était déjà très fortement engagée dans la plupart des pays de la planète, et tous les systèmes en place risquaient de se mettre à dérailler ou de s'arrêter dans la dernière seconde du 31 décembre 1999. On ne parlait pas encore de « collapsologie » à l'époque, mais l'idée du grand effondrement était bien présente dans l'esprit des responsables. Les pires scénarios étaient envisagés : moniteurs cardiaques et scanners tombant en panne dans les hôpitaux de Paris ou de New York, pannes des distributeurs de billets et paniques bancaires, ascenseurs bloqués entre deux étages, arrêt des générateurs d'électricité, fin de la circulation des trains, dysfonctionnements dans les centrales nucléaires, tout était envisagé jusques et y compris le déclenchement accidentel d'une guerre nucléaire.

Mais quelle était donc la nature de la menace ? Dans les années 1960, alors que l'informatique prenait son essor, pour faire des économies de codage les programmeurs de l'époque avaient omis les deux premiers chiffres dans le décompte des années, 1975, par exemple, était codé 75. On pouvait bien sûr prévoir dès cette époque – et certains l'ont fait – qu'arrivé l'an 1999, noté 99, l'année suivante serait notée 00, et que les systèmes d'information ne pourraient faire autrement que d'interpréter cela comme signifiant 1900. Comme paralysées par la peur de sauter dans l'inconnu d'un nouveau millénaire, les machines préféreraient revenir au commencement du siècle. Ce serait le *bug* de l'an 2000, traduction de l'anglais « *Y2K bug* ». Ceux qui prévoyaient le pire avaient finalement raison de le faire. Simplement, ils se trompaient sur la source de la menace : ce n'était pas le fatalisme de l'Apocalypse, mais le déterminisme aveugle des machines.

Jusqu'au milieu des années 1990, on ne s'est pas inquiété outre mesure. Puis, ce fut la mobilisation générale, les informaticiens réussissant à convaincre leurs gouvernements de l'importance de l'enjeu. Des moyens considérables furent déployés, tant en matière grise qu'en budgets colossaux, privés et publics. En France, de grandes entreprises publiques comme EDF et France Télécom investirent chacune 1 milliard de francs pour réformer leurs systèmes informatiques. Les entreprises privées y mirent au total l'équivalent de 11 milliards d'euros d'aujourd'hui. À l'échelle mondiale, des chiffres de l'ordre de 300 milliards de dollars ont été avancés.

Finalement, le *bug* a été évité, comme nous le savons si nous n'avons pas tout oublié de l'histoire. Et c'est cela qui mérite d'être noté. Comment expliquer qu'une affaire qui *aurait pu* être aussi grave sur le plan mondial ait laissé si peu de traces dans nos mémoires ? Elle n'apparaît presque jamais dans les catalogues de catastrophes possibles que dressent les tenants du catastrophisme. La réponse me paraît évidente : c'est précisément parce que la catastrophe ne s'est pas produite. Le *bug* de l'an 2000 n'a pas eu lieu. Cependant, peut-on objecter, l'importance des moyens mis en œuvre aurait dû marquer les esprits au point qu'on s'en souviendrait encore vingt ans plus tard. Il n'en a rien été. Pourquoi ?

C'est ici que se situe ce que j'ai appelé le sophisme de l'an 2000, ou sophisme Y2K. Le succès même de l'opération de prévention a comme oblitéré l'importance de l'enjeu. D'un côté, on s'est dit : ce n'était pas une affaire si grave après tout puisqu'on l'a résolue. Simultanément, on a trouvé scandaleusement élevé, et sans rapport avec la réalité de la menace, le coût de sa prévention. Tant et si bien qu'en France, le Premier ministre de l'époque, Lionel Jospin, a dû en Conseil des ministres défendre les mesures prises par la déclaration prémonitoire suivante : « Ce n'est pas parce qu'il n'y a pas d'épidémie qu'il faut remettre en cause les vaccins. »

*
* *

Ce sophisme, on le trouve aujourd'hui sous la plume ou dans les discours d'un grand nombre d'intellectuels français à propos de la pandémie de Covid-19. Le paralogisme qui le structure est si grossier qu'on s'interroge. Comment des esprits habitués à la pratique du raisonnement peuvent-ils commettre de telles bévues, allant jusqu'à accuser les autorités sanitaires d'imposer un régime tyrannique et liberticide pour enrayer ce qui n'est guère plus qu'une « grippette » ? Je combats pied à pied cet effet d'hébétude que le confinement ne saurait expliquer entièrement [**2**, **3**, **4**] et dont je vois l'incarnation suprême dans les propos du président Trump relayés et mis en pratique par l'extrême droite américaine, laquelle est prête à utiliser des fusils d'assaut pour se faire entendre. Je commence par un exemple particulièrement retors.

Dans un article intitulé « La valeur des vies. Éthique de la crise sanitaire », l'anthropologue Didier Fassin attaque son sujet ainsi[1] :

> Lorsqu'on dit que la pandémie de coronavirus a produit une crise sans précédent, on ne veut pas dire que la maladie elle-même est la pire qu'on ait jamais connue, car la rougeole est beaucoup plus contagieuse, le sida s'est avéré bien plus grave et certaines grippes ont elles aussi donné lieu à une expansion planétaire. On veut dire que la réponse à la pandémie, c'est-à-dire le confinement généralisé de la population dans un grand nombre de pays, est sans précédent.

Ce propos met inutilement en rapport des mesures jugées extraordinaires (pour la première fois dans l'histoire de l'humanité, la planète s'est arrêtée de tourner) et une cause, dans le double sens du terme, ce

1. In *Par ici la sortie !*, publication collective des éditions du Seuil, n° 1, juin 2020, p. 3.

qui cause l'effet et ce pour quoi on se mobilise, qui, sans être une simple « vaguelette », n'est pas, elle, si extraordinaire que cela : on en a vu d'autres dans le passé[1]. Je dis que cette mise en rapport est inutile car l'auteur lui-même écarte l'hypothèse que quiconque ait pu se méprendre sur le sens à donner à ce « sans précédent ». Inutile sur le plan du contenu, ce détour a un effet rhétorique certain : d'un côté, une menace pas spécialement redoutable, de l'autre des moyens de prévention jamais vus. Le lecteur ne peut en conclure qu'une chose : cette affaire a été extrêmement mal gérée.

On sent poindre ici le sophisme de l'an 2000. Que la menace ne soit pas parmi les plus redoutables n'est

---

1. Les références choisies par Fassin sont hautement discutables : il existe un vaccin contre la rougeole ; le sida est une maladie sexuellement transmissible mais non contagieuse ; et si l'auteur prend comme référence de pandémie la grippe « espagnole » de 1918-1919, il convient de répéter avec force que le nouveau coronavirus *n'est pas* le virus de la grippe : il est beaucoup plus rusé, sournois et obstiné que celui-ci. C'est très tôt, bien qu'à pas comptés, qu'on a commencé à comprendre qu'on avait affaire à un virus d'un genre très singulier, particulièrement efficace dans la façon qu'il a de perturber la « programmation » cellulaire. Dans une cellule qu'il a infectée, environ 60 % de l'ARN est d'origine virale, contre 1 % pour la plupart des virus. Surtout, il laisse les cellules qu'il a pénétrées appeler du renfort via des molécules appelées cytokines. Les globules blancs qui accourent en masse ne font pas le détail. Ils détruisent tout sur leur passage et les débris qu'ils laissent obstruent les vaisseaux et remplissent les poumons. Ces caractéristiques rattachent la Covid-19 aux maladies auto-immunes [**3**, **12**].

pas une donnée intrinsèque de l'épidémie. Il se pourrait que ce soit tout simplement le résultat heureux des moyens pourtant jugés disproportionnés mis en action pour la contenir : restriction des libertés publiques, mise en danger de l'économie de la nation. L'auteur n'est pas loin d'en convenir. Il a compris que cela n'avait pas de sens de comparer le coût au sens large de ces mesures et l'état sanitaire que l'on obtient grâce à elles. Ce qu'il faut mettre en rapport, c'est le coût et l'*amélioration* de l'état sanitaire par rapport à une situation où ces mesures ne seraient pas mises en œuvre. Didier Fassin écrit :

> On ne dispose [...] d'aucune évaluation fiable de ce qu'aurait été le nombre de morts en l'absence d'intervention, et donc ce qu'est le nombre de vies sauvées par le confinement. [...] En somme, malgré les données que publieront les instituts de statistique et dont les responsables politiques se serviront pour justifier ou vanter leurs actions, on ne saura jamais, même très approximativement, combien de vies auront été réellement sauvées par les mesures prises par les pouvoirs publics[1].

Il ne sera plus jamais question de cette grandeur inconnaissable dans le reste de l'article[2]. L'École

---

1. *Ibid.*, p. 4.
2. Didier Fassin cède aux dangers du paralogisme. Un peu plus loin dans son article, il compare la France et l'Allemagne, celle-ci ayant été

d'économie de Toulouse estime pourtant que, sans confinement, la France se dirigerait vers le million de morts à la fin de l'année [4]. La revue *Nature* a publié récemment une très sérieuse étude montrant que les mesures que nous nommons « barrières », et qui ne sont guère que de la civilité de base par temps exceptionnels, ont évité plus de cinq cents millions d'infections dans six pays : les États-Unis, la Chine, la Corée du Sud, l'Italie, l'Iran et la France[1]. Mais l'auteur a réfuté par avance toutes ces estimations, suspectes de servir des intérêts particuliers.

Le Brésil et les États-Unis d'Amérique nous donnent une idée de ce qu'une politique qui sacrifie la santé de la population à la marche sans contraintes de l'économie produit comme résultats : un carnage,

---

mieux préparée à faire face à l'épidémie. Il écrit : « [...] si l'on devait compter le nombre de vies sauvées grâce au confinement, il faudrait aussi compter le nombre de vies perdues à cause de l'impéritie des gouvernements ». Je passe sur le « si l'on devait compter » : bien sûr qu'on le doit, sinon ce qu'on dit n'a aucun sens. Mais la mise sur le même plan de vies sauvées et de vies perdues présuppose que l'on ait en tête une somme algébrique, les vies perdues venant en soustraction des vies sauvées. Or le fait qu'on aurait pu faire mieux n'enlève rien au fait qu'on a fait ce qu'on a fait ! Un manque à gagner n'ôte rien à ce qu'on a gagné.

1. S. Hsiang, D. Allen, S. Annan-Phan, *et al.*, « The effect of large-scale anti-contagion policies on the COVID-19 pandemic », *Nature*, vol. 584, 8 juin 2020, p. 262-267 ; accessible sur https://doi.org/10.1038/s41586-020-2404-8.

d'un côté, sans que l'économie en profite, de l'autre. L'accumulation des cadavres n'est bonne ni pour la marche des usines ni pour la consommation des particuliers. L'histoire des pandémies est aussi une source utile de réflexions. Les pires moments de la grippe dite « espagnole » de 1918-1919, aux États-Unis, eurent lieu dans les villes qui étaient sorties trop tôt d'un confinement extrêmement sévère. La seconde vague les emporta. Mais l'auteur ne se satisfait pas de ces appréciations qualitatives. Tout se passe comme si l'indétermination de cette donnée essentielle impliquait pour lui l'inexistence ontologique de la grandeur à laquelle elle se rapporte. Mais sans scénario alternatif, « contrefactuel », on retombe inévitablement sur le sophisme de l'an 2000. En regard de mesures jugées exorbitantes, on ne peut mettre qu'une épidémie relativement maîtrisée en oblitérant le lien causal qui lie les premières à la seconde.

Nous en savons assez aujourd'hui sur le nouveau coronavirus pour estimer que si la gestion mondiale de la pandémie à court et à moyen terme – disons deux ou trois ans, le temps pour peut-être trouver, produire et diffuser un vaccin – tournait au laxisme (ou, pour certains pays, s'y maintenait), le nombre de morts pourrait atteindre les sommets qui furent ceux non seulement de la grippe dite « espagnole » mais aussi de la peste noire du XIVᵉ siècle. Didier Fassin a placé sa réflexion sous le signe de l'éthique publique. Je crains que par ses propos irréfléchis, il n'ait contrevenu à l'éthique qu'il défend. Hélas, il n'est pas le seul.

*

* *

J'ai évoqué l'énorme déception que m'ont causée les prises de position du journaliste canadien David Cayley au sujet de la pandémie [3]. C'est à lui que nous devons le dernier livre d'Ivan Illich, produit de nombreuses heures d'entretien entre les deux hommes[1]. Ce livre est probablement le meilleur qu'Illich ait jamais écrit, mais on se demande ce que Cayley en a retenu. Ses propos sur la Covid-19[2] accumulent tous les poncifs que l'on trouve chez les Giorgio Agamben, les Olivier Rey ou, bien sûr, les Didier Fassin, en particulier cette idée fausse que la vie « nue » serait devenue la « valeur suprême ». Et

---

1. Ivan Illich et David Cayley, *La corruption du meilleur engendre le pire*, *op. cit.*
2. David Cayley, « Questions about the current pandemic from the point of view of Ivan Illich », art. cité.

lui aussi plonge à pieds joints dans le sophisme de l'an 2000.

Cependant, en étant plus radical encore que Fassin, Cayley donne malgré lui à ce sophisme ce qui pourrait passer pour des fondements philosophiques. C'est pour des raisons empiriques, donc contingentes, que Fassin affirme qu'on ne connaîtra jamais le nombre de vies humaines que le confinement aura sauvées. Cayley en fait une impossibilité métaphysique. Il écrit :

> Au cœur de la stratégie de lutte contre la pandémie, il y a eu l'affirmation que *nous devions prendre les devants* pour empêcher de se produire ce qui ne s'était pas encore produit : la croissance exponentielle des nouveaux cas de contamination, l'épuisement des capacités médicales obligeant à pratiquer l'horrible tri entre les malades, etc. Sinon, disait-on, lorsque nous réussirions à comprendre de quoi il retourne, il serait trop tard. (Il vaut la peine de souligner, en passant, qu'il y a quelque chose d'invérifiable dans cette idée : si nous réussissons, et que ce que nous craignons ne se produise pas, nous pourrons toujours dire que nos actions en sont la cause, *mais en réalité nous ne saurons jamais ce qu'il en est*[1].)

---

1. *Art. cit.* Je traduis et souligne.

Il est vrai, pour prendre un autre exemple, qu'un ingénieur des Ponts et Chaussées qui décide dans son bureau de faire modifier le tracé d'une route en un point où de nombreux accidents mortels se sont produits ne connaîtra jamais l'identité des personnes qu'il aura ainsi sauvées. Les accidents qui ne se produiront pas ne peuvent être objets de connaissance. Certes, le raisonnement probabiliste permettrait au moins d'en estimer le nombre. Mais Cayley le refuse. Seul existe pour lui ce qui se produit et se produira. En dehors de cela, rien n'est possible.

Cette position philosophique a une histoire, qu'il n'est pas faisable de raconter ici. Depuis l'École mégarique de philosophie, entre les Ve et IVe siècles avant J.-C., on considère que les grands systèmes métaphysiques se partagent en deux grands types, selon qu'ils acceptent ou refusent l'axiome suivant : tout événement qui ni ne se produit ni se produira est impossible. Diodore Kronos, qui appartenait à cette École, l'approuvait en pensant pouvoir le démontrer. Aristote, et sa théorie des futurs contingents, le refusa[1].

Il peut paraître incongru de rattacher David Cayley à une branche de la métaphysique, mais tout se passe

---

1. Cf. l'ouvrage de synthèse indispensable de Jules Vuillemin, *Nécessité ou contingence. L'aporie de Diodore et les systèmes philosophiques*, Paris, Éditions de Minuit, 1984.

comme s'il faisait sien l'axiome en question. C'est parfaitement légitime mais il faut en voir les implications. La première est que le « sophisme de l'an 2000 » n'est plus un sophisme. Dès lors qu'on a mis en œuvre une politique de confinement généralisé, la question de savoir ce qui se serait passé si on n'avait pas agi ainsi perd toute pertinence : elle n'a plus de sens. Fassin et Cayley se sentent automatiquement justifiés.

Dans la conception de l'avenir qui en découle, cependant, toute prévention devient vaine. Si la prévention réussit, l'événement indésirable qu'il s'agit de prévenir ne se produit ni ne se produira. Il est donc impossible et la prévention se révèle inutile au moment même où elle est couronnée de succès. Cayley a au moins la consistance pour lui : il déclare nuls et non avenus toute médecine préventive et, au-delà, tout effort de prévention, et il les juge même contreproductifs au motif qu'ils rendent présente aujourd'hui la maladie future qu'il s'agit de prévenir. Il n'a hélas pas le talent d'un Jules Romains. « Tout bien portant est un malade qui s'ignore », disait le bon Dr Knock, ajoutant : « Car leur tort, c'est de dormir dans une sécurité trompeuse, dont les réveille trop tard le coup de foudre de la maladie. »[1] Je ne suis pas sûr qu'Ivan Illich serait

---

1. Jules Romains, *Knock ou le Triomphe de la médecine*, 1923.

d'accord, lui qui attribuait l'allongement considérable de l'espérance de vie dans les siècles passés, non à une médecine curative impuissante, mais aux progrès de l'hygiène, qui est le parangon de la prévention[1].

Ivan, réveille-toi, tes disciples sont devenus fous.

---

1. Le dernier texte sur lequel Illich travaillait lorsqu'il est mort, le 2 décembre 2002, à Brême, portait précisément sur la médecine préventive. Il y réfléchissait avec une collaboratrice allemande, Silja Samerski, une spécialiste du travail social. C'est elle qui a mis au point la version définitive de cet article. La revue *Esprit* en a publié la traduction française sous le titre « Critique de la pensée du risque » (août-septembre 2010) avec, comme signature principale, celle de Silja Samerski. Illich partageait-il vraiment tout ce qui est dit dans cet article, en particulier l'extrait suivant ? Il est question de tests génétiques à ambition prédictive et des masses de données qu'ils accumulent. Ces tests, lit-on, « ne permettent pas d'en déduire ce qu'il en *est* de telle personne particulière. Tout ce qu'ils font est d'élargir l'éventail des possibilités angoissantes et ensevelir ce qui est sous les couches de ce qui *pourrait* être. À partir de ce déluge de données, les statisticiens calculent des probabilités qui sont d'abord interprétées comme des risques par les caisses d'assurance et les épidémiologistes avant d'être intériorisées comme des verdicts par les patients ». Cet article se voulant une critique radicale du « monopole radical » des statistiques sur la vie, il dit on ne peut plus clairement que les mondes possibles virtuels ou contrefactuels n'ont pas de réalité.

6
Masques et mensonges
14 août 2020

Rien ne peut faire oublier que le pouvoir politique a commis un crime qui jamais ne lui sera pardonné. Il n'avait absolument pas prévu l'éventualité d'une pandémie qui a conduit l'économie du pays et les échanges mondiaux à s'interrompre brusquement. Mais surtout, il a menti au peuple en soutenant que le port du masque était une protection superflue, alors que la véritable raison de ce qui apparaît aujourd'hui comme une faute inexcusable était la rareté des masques existants. La priorité absolue mais cachée était de réserver le peu qui existait au personnel médical de première ligne. La santé des soignants comptait davantage que celle des gens.

On se souvient de ces déclarations tranchées émises par les plus hautes autorités sanitaires. Le directeur général de la Santé en février dernier : « Soyons sérieux : il faut que le grand public cesse d'acheter

des masques ! Ils ne servent à rien dans la prévention de la Covid-19. » Quelques jours plus tard, le
directeur du conseil scientifique chargé d'éclairer le
président disait à son tour : « Il n'y a aucune raison
de porter un masque lorsqu'on se promène dans la
rue. Au milieu d'une épidémie, cela peut rassurer les
gens, et cela peut même arrêter quelques gouttelettes,
mais c'est loin d'assurer la protection qu'on accorde
à ce moyen. »

À la défense des autorités, on peut faire valoir qu'à
l'époque on savait peu de chose sur ce virus. On ne se
doutait pas, par exemple, que les porteurs sains pouvaient être contagieux et compter pour beaucoup dans
la propagation de l'épidémie. Les tests virologiques
étaient très peu disponibles. Et maintenant que les
masques ne manquent plus, et que les mêmes médecins
en recommandent l'usage, une bonne proportion de la
population n'en fait qu'à sa tête. Il faut dire que le pouvoir exécutif, président et vice-président en tête, outre
qu'il recommande des remèdes jugés par beaucoup
charlatanesques, mène le mouvement anti-masques.
On ne s'étonne pas que la première vague n'en finisse
pas d'enfler jusqu'à ressembler à un tsunami.

On me pardonnera d'avoir – à dessein – oublié
de préciser que le tableau que je viens de présenter

concerne les États-Unis d'Amérique[1]. Tout rapprochement avec la situation française serait inconvenant. Nos compatriotes pardonnent à leur gouvernement d'avoir changé plusieurs fois de doctrine, concernant le port du masque en particulier, car ils savent que le pouvoir politique relaie les recommandations des autorités scientifiques. Ils respectent la science et ils comprennent que, face à un objet complexe, elle avance par conjectures et réfutations, étrangère à tout dogme, que ce soit celui d'une religion ou les fausses certitudes de l'opinion publique. Et surtout, ils se sont suffisamment informés sur ce virus et cette épidémie pour, le cas échéant, suppléer aux manquements de l'autorité publique en se donnant à eux-mêmes des règles dont beaucoup sont de simple bon sens. Ils ont par exemple compris qu'un déconfinement peut-être trop précipité ne signifiait pas licence donnée à un retour à l'insouciance de la vie d'avant.

*
* *

1. Celui que j'ai surnommé « directeur général de la Santé » est le *Surgeon General*, Jerome M. Adams, s'exprimant sur Twitter ; et le directeur du conseil scientifique est le renommé Dr Anthony Fauci parlant sur la chaîne CBS. Mes traductions.

Assez d'ironie méchante : ce qui s'est passé en France s'est passé en gros de la même manière dans beaucoup d'autres pays, à commencer par les États-Unis d'Amérique, qui se trouvent être les derniers de la classe en matière de gestion de la pandémie malgré leur puissance technologique hors pair. Mais il y a une autre raison de rapprocher les deux pays : c'est le poids qu'y ont pris les covidosceptiques.

Au niveau des contenus exprimés des deux côtés de l'Atlantique par les uns et les autres, les ressemblances sont frappantes. Tous nous disent que l'épidémie n'a pas d'existence réelle. C'est une construction sociale, une invention qui passe par les mots. Si le vocable de pandémie n'avait pas été utilisé, on jugerait la menace pour ce qu'elle est : une banale épidémie de grippe. Les morts ? Ce n'est pas le virus qui en est responsable, mais la guerre qu'on lui mène et qui provoque une tempête immunitaire. Pourquoi donc toute cette panique et qui l'orchestre ? C'est l'État despotique, l'État Léviathan, qui se sert d'une situation extrême, qu'il a bien sûr manipulée, pour mettre en place des mesures liberticides, dont le port du masque, le confinement et l'arrêt des déplacements, toutes choses qui deviendront les nouvelles normes une fois la crise refermée. Et tout cela renforce le « biopouvoir », l'État jouant sur l'absolue priorité que les gens donnent à la sécurité sur les libertés les plus fondamentales. La prise de risque est une valeur du passé. La médecine et la science renforcent en coulisses leur propre pouvoir, même et surtout lorsqu'il n'y a pas de véritable science sur le sujet.

J'ai du mal à comprendre comment, sans contradiction, ces critiques qui me paraissent absurdes et injustes peuvent aussi porter sur les limites à la liberté de travailler et d'entreprendre que le Léviathan sécuritaire, l'État médecin, imposerait par ses mesures sanitaires. C'est comme si on accusait l'État de casser délibérément la branche sur laquelle il est assis en faisant sauter les fondements du capitalisme. Le destin du biopouvoir, comme celui du capitalisme selon Marx, impliquerait-il qu'il devienne son propre fossoyeur ? Quoi qu'il en soit, chez les covidosceptiques, qu'on soit en Europe ou en Amérique, on juge les mesures sanitaires liberticides aussi parce qu'elles créent la misère et que la misère tue plus que le virus [2].

Identité de vues ne veut pas dire identité de langage. Je me suis exprimé comme le font les intellectuels européens atteints de ce scepticisme dont l'origine et les buts qu'il poursuit m'échappent. Même si chacun répète en gros ce que disent les autres, je pourrais associer à chacune des phrases ci-dessus un nom ou un écrit. Ce serait vain. Du côté américain,

la démographie des acteurs est spectaculairement différente. Ceux qui profèrent tout ou partie des idées énu-
mérées plus haut sont, par exemple, les suprémacistes
blancs. Leur niveau de culture et d'intelligence, en tout
cas de sophistication, n'est pas exactement le même
que celui de leurs coreligionnaires européens. Il est
difficile de classer ces derniers à gauche, malgré qu'ils
en aient, si on associe la gauche à l'État protecteur.
Aux États-Unis, on a carrément affaire à des nationa-
listes, des fondamentalistes et autres libertariens : ils
appartiennent à l'extrême droite. Ce qui les distingue
le plus des intellectuels européens, ce ne sont pas les
idées, qui sont essentiellement les mêmes, c'est à coup
sûr le look – en guise de masques, des cagoules, des
gilets pare-balles, des ceinturons de soldat, des bottes
noires de combat – et surtout le fait qu'ils manifestent
armés. Deuxième amendement oblige, ils sont entrés
légalement le 30 avril dernier dans le Capitole de l'État
du Michigan, à Lansing, avec leurs fusils d'assaut, pour
exiger la « libération » de leur État gouverné par une
élue démocrate, encouragés en tout cela par le président des États-Unis. Car c'est la liberté qu'ils récla-
ment par-dessus tout – la liberté d'attraper le virus et
de le communiquer à d'autres.

Tout y passe, avec des mots certes moins choisis que
ceux des intellectuels. Cette prétendue épidémie est

un énorme canular inventé par les démocrates pour faire chuter Trump et l'économie. Les chiffres mentent. D'ailleurs, lorsqu'on les examine de près, on réalise qu'ils ne sont pas si inquiétants. Que fait le Dr Fauci à la Maison-Blanche ? C'est lui qui crée la panique pour mieux asseoir son pouvoir. Il instille la peur. Mais c'est la liberté que nous exigeons, non la peur. La mort fait partie de la vie et Jésus est notre vaccin. Nous sommes un pays de liberté (*the Land of the Free*). On ne nous imposera ni port du masque, ni distances de précaution, ni confinement[1]. Si vous voulez le communisme, allez en Chine. Nos droits fondamentaux garantis par la Constitution sont sacrés et pourtant ils sont violés. Le travail est l'instrument de la liberté et il n'y en a plus.

Si j'étais un intellectuel covidosceptique, je me sentirais embarrassé par ce voisinage.

*

* *

Nous avons tous rencontré dans un supermarché ou un transport en commun un de ces hurluberlus, homme ou femme, qui, ne portant pas le masque de

---

1. Le terme anglais est *lockdown*, beaucoup plus fort que le terme français puisqu'il évoque le confinement d'un condamné dans sa cellule.

rigueur, se mettent à hurler : « On est dans un pays libre ! Je fais ce que je veux ! » Gare à ceux qui prétendent leur faire la leçon. Certains y ont laissé leur vie. Mais de quelle liberté s'agit-il ? On peut admettre que chacun est libre de se faire du mal en connaissance de cause, de fumer comme une locomotive, par exemple, en sachant que le cancer du poumon le guette au tournant. Même nos compatriotes ont toutefois appris que le tabagisme passif, celui qui vous expose à la fumée secondaire des fumeurs, est dangereux, et ceux-ci dans leur ensemble se soumettent aujourd'hui de bonne grâce aux règles strictes qui divisent l'espace entre zones fumeurs et zones non-fumeurs. Par ailleurs, quelqu'un qui sait qu'il a le sida et qui a un rapport non protégé avec un ou une partenaire sans rien en dire est un criminel et son crime est puni par la loi. Qu'en est-il du SARS-CoV-2 ?

Tant les propriétés de ce virus que la technologie des masques rendent théoriquement vraies les trois propositions suivantes :

1. Je porte mon masque et je te protège[1].

---

1. Les masques en tissu faits maison ne protègent pas la personne qui les porte mais protègent les personnes en vis-à-vis. Les masques dits « chirurgicaux » protègent les autres et aussi, dans une moindre mesure, le porteur du masque lui-même des projections venant de personnes en vis-à-vis. Mais ils ne protègent pas contre la dispersion et l'inhalation

2. Tu portes ton masque et tu me protèges.

3. Nous ne savons pas si nous sommes porteurs du virus ou non[1].

Je suggère que celui qui, sachant tout cela, ne porte pas de masque dans les endroits où le simple bon sens – pourquoi avoir besoin de « suivre des directives » alors qu'un minimum de jugeote suffit – le requiert se trouve dans une situation morale intermédiaire entre le fumeur qui fume dans les zones interdites et le porteur du sida qui contamine volontairement ses partenaires.

La configuration logique et morale du problème a ceci de singulier que l'on n'a pas d'intérêt particulier à protéger les autres mais qu'on dépend de tous les autres pour sa propre protection. Dans un monde d'égoïstes rationnels[2], conformes à la manière dont la théorie des choix collectifs ou la théorie des jeux voient les êtres humains, il en résulte l'impossibilité d'une situation globale satisfaisante. Imaginons que tout le monde porte le masque. Chacun alors a intérêt à ne pas le

---

des aérosols dont on sait aujourd'hui (août 2020) l'importance qu'ils ont dans la circulation du virus.

1. Les porteurs sans symptômes représenteraient de l'ordre de 40 % des cas de contamination.

2. On reproche souvent à ce paradigme de traiter les personnes comme des automates guidés par leurs seuls intérêts. Mais c'est précisément pourquoi il est utile lorsqu'on a affaire à des individus qui se comportent vraiment comme des automates guidés par leurs seuls intérêts.

porter, puisque les autres le protègent. Donc personne ne le porte[1]. La coercition tant honnie est une voie de sortie[2], mais aussi le mensonge. Il suffit qu'un nombre suffisant de citoyens croient, en partie à tort[3], que le port du masque les protège pour qu'eux en tout cas protègent les autres et que le taux de reproduction du virus, symbolisé par la lettre R, tombe en dessous de 1. Comme nous le savons depuis la nuit des temps, masques et mensonges font bon ménage.

1. Dans le vocabulaire du paradigme en question, chacun est un « *free rider* » (le passager du métro qui ne paie pas son billet) et la situation où tous portent le masque n'est pas un « équilibre de Nash » (du nom de John Nash, le mathématicien qui reçut le prix Nobel d'économie après s'être éclipsé de la scène universitaire pendant vingt-cinq ans pour cause de schizophrénie). La situation où personne ne porte le masque est l'équilibre de Nash, en « stratégie dominante » qui plus est. Cela veut dire que chacun, quoi que fassent les autres, a intérêt à ne pas porter le masque.

2. Note du 24 septembre 2020. Olivier Véran, ministre de la Santé : « On ne peut pas imposer aux gens de prendre soin d'eux malgré eux, mais on peut imposer aux gens de prendre soin des autres *malgré eux*. » (Je souligne.)

3. « En partie » car certains types de masques protègent modérément ceux qui les portent. Cf. note 1, p. 130.

7

L'indécence du tri

15 août 2020

Dialogue entre un économiste de la santé et un médecin. La scène se passe aux États-Unis[1]. La question traitée est une des plus brûlantes qui se sont posées et se posent encore à l'ère de la pandémie de Covid-19, mais qui étaient débattues bien avant. Si nous devons faire face à une pénurie d'appareils médicaux et/ou de personnel pour les faire marcher, à quels critères devrons-nous nous rapporter pour décider de qui va vivre et de qui va mourir ? Comment choisir entre un garçon de 20 ans et un cinquantenaire ?

Le médecin : Le garçon de 20 ans a vécu beaucoup moins longtemps que le cinquantenaire. Un crédit de vie doit lui être reconnu. Si le pronostic est à peu près le même pour l'un et pour l'autre, c'est à lui qu'il faut donner la priorité.

1. Le débat a eu lieu dans les colonnes du *New England Journal of Medicine*, mars 2020.

L'économiste de la santé : Les arguments qui accordent sans autre forme de procès une valeur plus forte aux jeunes par rapport aux plus âgés me gênent. Peut-on vraiment dire qu'un jeune de 20 ans a plus de valeur qu'un cinquantenaire ? Ce dernier n'est-il pas plus utile à l'économie parce qu'il a des compétences et une expérience que l'autre n'a pas ?

Cet échange me donne un haut-le-cœur. Mon dégoût n'est pas réduit par l'intervention d'un troisième personnage, le spécialiste de l'éthique médicale. Tel le maître de philosophie dans la scène inénarrable du *Bourgeois gentilhomme*, il entend mettre tout le monde d'accord par les propos suivants :

L'éthicien : Ce n'est point ainsi qu'il faut raisonner. La valeur de la vie, dans une société démocratique comme la nôtre, est la même pour tous. Prenons le cas plus réaliste dans le contexte de la Covid-19 d'un jeune adulte et d'un vieillard de 75 ans. Les ventilateurs sont en nombre insuffisant. À qui donner la priorité ? Le seul critère éthique recevable est de type utilitariste[1]. Il

---

1. L'utilitarisme, avant d'être une doctrine psychologique, est une doctrine éthique dont l'impératif peut se dire ainsi : Contribue toujours par ton action à rendre aussi grand que possible un indice d'utilité collective, égal à la somme des utilités individuelles. Dans l'utilitarisme au sens strict, l'utilité est par définition la somme algébrique des plaisirs et des peines, mais on peut considérer d'autres grandeurs comme le bonheur et le malheur, ou, comme ici, les vies ou les années de vie gagnées

faut maximiser le nombre de vies sauvées, ou, plus précisément, le nombre d'années de vies sauvées, puisque chaque vie, ou chaque année de vie, a le même poids, quelle que soit la personne considérée. Il est probable qu'en général le vieillard aura moins de chances de survivre à cette épreuve terrible qu'est la ventilation et, de toute façon, le nombre d'années qu'il a devant lui est nettement plus faible que ce que peut espérer le jeune adulte. En général, il faudra donc écarter des soins les vieillards et les individus vulnérables, non pas parce qu'ils ont moins de valeur, mais parce que leur sacrifice contribue à maximiser la quantité totale de vies sauvées[1].

L'économiste britannique Lionel Robbins, dont le nom est attaché à la London School of Economics qu'il dirigea pendant les années 1930, a donné une définition restée célèbre de sa discipline, qui se lit ainsi : « L'économie est la science qui étudie le comportement humain en tant que relation entre des fins et des moyens rares

---

ou perdues. D'autres doctrines morales existent, comme la déontologie kantienne ou rawlsienne. Voir ci-dessous.

1. En France, un membre du comité d'éthique du CNRS, Frédérique Leichter-Flack, peut écrire sans susciter, semble-t-il, les moqueries de ses pairs : « Le médecin qui trie les malades n'est pas là pour dire qui aura ou non droit à la vie, mais pour sauver le plus de vies possible » (*Le Monde*, 16 mars 2020). C'est toujours au nom d'un idéal transcendant qu'on sacrifie les victimes. Cela permet de les mettre à mort sans leur ôter le droit à la vie.

susceptibles d'être utilisés différemment. » Il n'est ici question ni de croissance, ni de richesse ou de finance mais, tout au contraire est-on tenté de dire, de gestion parcimonieuse, avisée et même rationnelle, de ressources rares. L'économiste de la santé mis en scène plus haut exprimait ce que la vulgarité de l'économie se prétendant science peut avoir de pire quand elle ne voit dans la santé des gens qu'un moyen de faire tourner l'économie à plein régime. La rationalité économique qui sous-tend l'éthique utilitariste de la médecine confrontée à la rareté ne me paraît pas moins révoltante, mais elle a pour elle de se prétendre conforme à la raison. Cependant, il y a d'autres raisons que cette raison ne connaît pas.

Je note d'abord qu'elle est en violation du serment d'Hippocrate. Sous la forme qu'il a prise dans la déclaration de Genève de 1948 révisée en octobre 2017, il stipule :

> Je ne permettrai pas que des considérations d'âge, de maladie ou d'infirmité, de croyance, d'origine ethnique, de genre, de nationalité, d'affiliation politique, de race, d'orientation sexuelle, de statut social ou tout autre facteur s'interposent entre mon devoir et mon patient.

Le serment formulé en France par l'Ordre des médecins, dans sa version de 2012, énonce quant à lui :

Je respecterai toutes les personnes, leur autonomie et leur volonté, sans aucune discrimination selon leur état ou leurs convictions. J'interviendrai pour les protéger si elles sont affaiblies, vulnérables ou menacées dans leur intégrité ou leur dignité. [...] Je donnerai mes soins à l'indigent et à quiconque me les demandera.

Une statistique, bouleversante quand on la découvre, révèle que, dans les circonstances ordinaires, le serment d'Hippocrate fait de la médecine une pratique irrationnelle et même délibérément antirationnelle. Dans les pays dotés d'un État social comme le nôtre, entre 50 et 80 % des dépenses de santé seraient engagées pendant la dernière année de vie. Il s'agit bien de la dernière année de vie prise comme variable indépendante et non de l'âge. S'ils visaient à allonger de quelques années la durée de vie, ces soins ultimes n'ont, par construction, pas été couronnés de succès et il est probable qu'ils avaient une fonction palliative et surtout une valeur symbolique. Ils disaient : jusqu'au bout, nous prenons en charge nos malades. Au regard de la rationalité utilitariste, ils apparaissent comme un pur gaspillage. Ah, si notre raisonneur pouvait déterminer qu'il est face à un malade qui vit sa dernière année de vie ! Mais, comme on sait, Monsieur de la Palisse, un quart d'heure avant sa mort, était encore en vie. Vladimir Jankélévitch fait remarque que de toutes les lapalissades c'est celle qui a le plus de contenu. Il écrit :

> [...] et non seulement un quart d'heure, mais une seconde, mais un milliardième de seconde avant ! Cette tautologie n'est donc pas si tautologique qu'elle en a l'air : elle exprime qu'une mixture d'être et de non-être serait le comble de l'absurde, qu'il n'y a pas de milieu entre la vie et la mort, et qu'on a beau frôler l'extrémité de la vie, on reste encore en deçà jusqu'au bout[1].

Comme pour couper l'herbe sous le pied des contempteurs de la « vie nue », de la « vie biologique » [3], il ajoute :

> C'est pourquoi de la vie la plus raréfiée au néant, et du moindre-être au non-être il y a encore un abîme. Quand la respiration du vieillard est devenue quasi imperceptible, quand l'haleine vitale est en lui presque indécelable, on dit volontiers que le moribond existe « à peine ». Mais c'est là évidemment une métaphore. De même que l'absence n'est pas une présence extrêmement atténuée, de même la mort n'est pas une vie

---

1. Vladimir Jankélévitch, *La Mort*, Paris, Flammarion, coll. « Champs », 2017, p. 283-284.

exténuée et, à la limite de la ténuité, devenue aussi vaporeuse que les ombres des enfers[1].

La hardiesse des médecins économistes[2] ira-t-elle jusqu'à donner une « valeur » à cette résistance opposée par la vie, fût-elle la plus évanescente, à la plongée dans le gouffre de la mort ? [4, 10] Peu importe, ils ont un autre tour dans leur sac. Ils ne savent certes pas quand leurs patients vont mourir. Qu'à cela ne tienne : ils cessent les soins. Ils brisent ainsi la corrélation embarrassante entre dernière année de vie et dépenses inconsidérées. Le vieillard meurt, mais il ne coûte pas cher.

*
* *

Gangrenée qu'elle est par une rationalité d'inspiration économique, l'éthique médicale pourrait se tourner vers d'autres sources de la philosophie morale. Il se trouve que l'utilitarisme a fait l'objet pendant la seconde moitié du XXe siècle d'une attaque en règle en provenance de la tradition rivale, la déontologie

1. *Ibid.*, p. 284.
2. Il n'est pas rare de voir aux États-Unis des médecins hospitaliers arborer fièrement sur leur blouse blanche l'insigne de leur MBA.

kantienne. L'œuvre clé est ici le livre du philosophe américain John Rawls, disparu en 2002 : *Théorie de la justice*[1]. Dès la première page, l'auteur énonce le méta-principe au nom duquel il va mener son combat :

> Chaque personne possède une inviolabilité fondée sur la justice qui, même au nom du bien-être de l'ensemble de la société, ne peut être transgressée. Pour cette raison, la justice interdit que la perte de liberté de certains puisse être justifiée par l'obtention, par d'autres, d'un plus grand bien. Elle n'admet pas que les sacrifices imposés à un petit nombre puissent être compensés par l'augmentation des avantages dont jouit le plus grand nombre. C'est pourquoi, dans une société juste, l'égalité des droits civiques et des libertés pour tous est considérée comme définitive[2].

Je reconnais que la théorie de Rawls porte sur les institutions de base de la société, sujet qui dépasse largement par son ampleur un problème de justice distributive régionale comme celui de l'accès aux soins. Cependant, nombre d'arguments que Rawls développe pour justifier son rejet de toute solution

1. Paris, Seuil, 1987, coll. « Points », 1997. Original américain : *A Theory of Justice*, 1971. Traduction de Catherine Audard.
2. *Ibid.*, p. 30.

sacrificielle valent aussi dans ce cas[1]. Incluons dans les droits civiques le droit à la vie et remplaçons dans la citation « perte de liberté » par « perte de la vie », et nous obtenons les moyens de condamner une éthique médicale fondée sur la rationalité utilitariste.

Cependant, on peut, au moins dans ce cas, être plus radical que Rawls. L'inégalité, et surtout l'inégalité résultant d'un choix sacrificiel, est insupportable, c'est entendu. Faut-il pour autant conclure directement du caractère haïssable de l'inégalité à la valeur suprême de l'égalité ? Comme l'inégalité, l'égalité présuppose la commensurabilité des objets que l'on compare, et donc leur substituabilité, de la même manière que la monnaie rend toutes les marchandises échangeables entre elles. On peut comprendre l'inviolabilité de la personne dont parle Rawls comme mettant un point d'arrêt à cette commensurabilité. Si la justice dans le sens qu'il donne à ce mot rejette le sacrifice de certains pour le plus grand bien de tous, c'est au nom de l'incommensurabilité des valeurs et non pas du fait de leur caractère inégal – l'ironie étant d'ailleurs que pour les utilitaristes, la rationalité du sacrifice découle

---

1. Il y a au moins un cas dans lequel Rawls juge explicitement immoral un calcul utilitariste des vies. C'est à propos de la décision américaine de lâcher les bombes atomiques sur Hiroshima et Nagasaki en août 1945. Cf. John Rawls, « 50 Years After Hiroshima », *Dissent*, été 1995.

du principe d'égalité : chacun, y compris les victimes, a un poids égal dans le calcul de l'utilité collective. Au grand dam de tous ceux qui affirment, parfois avec une bonne dose de mauvaise foi, que la vie authentiquement humaine est celle que l'on est prêt à sacrifier au nom de valeurs supposées supérieures, la justice au sens de Rawls n'admet pas que l'inviolabilité de la personne de la victime sacrificielle soit bafouée au nom d'un intérêt collectif jugé transcendant. La philosophe Monique Canto-Sperber tire les implications de ce refus avec force lorsqu'elle écrit :

> [...] l'idée qu'on puisse comparer la valeur des vies humaines est une aberration morale, car il faudrait alors se demander si une année de vie d'un grand compositeur, d'un historien ou d'un industriel qui contribue au dynamisme économique serait plus précieuse que l'année de vie d'un éboueur, quel que soit son âge. Et celui ou celle qui se mettrait en tête de répartir des ressources de soin trop peu nombreuses en fonction de la valeur présumée de la vie de ceux qui en seraient bénéficiaires, parviendrait vite à une situation où, en prétendant respecter autant que possible un principe de juste distribution – à chacun selon ce que vaut sa vie –, des décisions de vie et de mort seraient prises pour les patients qui ne tiendraient aucun compte du prix que les personnes elles-mêmes donnent à leur propre vie. De plus, il est probable qu'une telle manière de faire

secrèterait inévitablement privilèges et passe-droits. Peut-on imaginer que les plus fortunés ne multiplient pas les recours pour échapper à ce type d'allocation des ressources de soin, voire de survie ? Et qui pourrait leur en faire grief ? Penser que la répartition des soins doit résulter d'une évaluation prétendument objective de la valeur de la vie amène en général à des aberrations morales que nul n'est prêt à assumer. La notion de « justice intergénérationnelle » maintes fois évoquée dans ce type de contexte est elle aussi floue et dangereuse. Ceux qui semblent y voir l'obligation pour les vieux de se sacrifier en faveur des jeunes, ne devraient-ils pas en pousser la logique jusqu'au bout ? Pourquoi alors ne pas priver nos « aînés » de leurs propriétés ? Pourquoi ne pas réduire leurs moyens d'existence et même leur retraite[1] ?

On ne peut comparer les valeurs des vies. Incomparable n'implique pas l'égalité, mais présuppose l'incommensurabilité. Cependant, Monique Canto-Sperber semble en inférer que reste au moins à prendre en considération la valeur subjective que la personne attache à la vie. On peut aller encore plus loin qu'elle et refuser de fonder une décision aussi irréversible que celle qui consiste à priver une personne de soins

1. Monique Canto-Sperber, « L'âge pour mourir, au temps de la Covid-19 », in Dominique Monneron et Roger-Pol Droit (dir.), *Éthique du grand âge et de la dépendance*, Paris, PUF, 2020, p. 245-258.

sur une évaluation forcément instable car dépendant d'un contexte que l'on ne peut envisager que comme éminemment dramatique. La conséquence d'une telle posture morale serait que rien ne « compte », au sens d'un calcul présumé des vies, rien n'a de la « valeur ». Ce prédicat associé à la vie n'aurait pas plus de sens que celui de flottabilité associé au mont Blanc.

*
* *

Que faire alors ? Une étude de cas rapportée par la presse américaine[1] permet d'avancer dans la réflexion à défaut de fournir un guide pour l'action.

Le 28 octobre 2012, le Dr Laura Evans, qui officiait à l'hôpital Bellevue de New York, eut à résoudre la quadrature du cercle. L'ouragan Sandy frappait durement la ville, et le service de réanimation où elle travaillait n'avait plus que six prises de courant en état de fonctionner. Cinquante patients avaient un besoin urgent de respirateur. Le patron du Dr Evans lui ordonna de faire la liste des six patients qui seraient pris en charge.

Huit ans plus tard, forte de son expérience, elle fait face à des choix du même type. Sa première réaction

---

1. Sheri Fink, « The Hardest Questions Doctors May Face : Who Will Be Saved ? Who Won't ? », *New York Times*, 21 mars 2020.

est de dire : l'éthique nous commande en premier lieu de tout faire pour ne pas avoir à organiser un rationnement. Il faut ensuite des règles, mais pas des règles rigides : que le patient exclu ne le soit pas en fonction d'algorithmes qu'il ne comprend pas, pas plus d'ailleurs que ceux qui sont chargés de les mettre en application[1].

Il importe que la décision d'exclusion ne soit pas portée par le médecin attaché au patient mais par une sorte de fonctionnaire du tri[2]. Les critères de choix, une fois explicités, sont tous problématiques. Maximiser le nombre de vies sauvées ou bien le nombre d'années de vie gagnées ? Nous avons vu ce que cela implique. Mettre au passif du patient ses conditions sanitaires préexistantes ? Cela reviendrait à le punir deux fois : on refuse les soins à celui qui en a le plus besoin, et surtout (facteur d'une importance cruciale aux États-Unis) on pénalise les populations noires dont l'état de santé est terriblement plus mauvais que celui du reste de la

---

1. C'est l'opacité du passage des principes à leur mise en œuvre qui fait de l'éthique embarquée dans les voitures sans conducteur une machine morale inhumaine. Cf. l'excellent livre d'Alexei Grinbaum, *Les Robots et le Mal*, Paris, Desclée de Brouwer, 2019.
2. Cependant, un sondage informel réalisé auprès de mes étudiants non américains de Stanford, qu'ils soient européens ou asiatiques, me montre qu'une quasi-unanimité fait le choix inverse : la sentence « je te laisse à ton agonie » doit venir du médecin traitant lui-même par respect du malade. La discussion n'a pas permis de dégager des principes dont pourraient découler des choix aussi contrastés.

population. Alors même que c'est la routine en temps ordinaire, on ne favorise pas les plus riches, fussent-ils de généreux donateurs. En situation d'extrême urgence, la vie n'est pas une marchandise.

Deux considérations interviennent à peine, alors qu'elles sont jugées les plus conformes à l'éthique lorsqu'on y pense : demander l'avis du patient lui-même ; procéder à une loterie. En fin de compte, la référence à l'éthique semble avoir été de pure forme.

Mais revenons à la situation impossible du Dr Evans en octobre 2012, alors que Sandy détruisait tout sur son passage. Comment fit-elle ? Elle ne dressa pas de liste. Deux mots clés guidèrent son action : l'improvisation et la débrouillardise. Il n'est pas nécessaire d'entrer dans les détails, de la mobilisation de volontaires pour monter à pied treize étages en portant des générateurs de fortune, au remplacement de la ventilation électrique par de la ventilation manuelle, ce qui exigea de poster deux autres volontaires par lit, etc. Au total, l'histoire ne dit pas combien survécurent parmi les cinquante patients, mais tous eurent le sentiment que l'on s'occupait d'eux.

C'est peut-être cela la clé des miracles tels que celui de la multiplication des pains dont parle l'Évangile : l'improvisation et la débrouillardise. C'est ce qui fait qu'à la table des pauvres du Brésil, il y a toujours assez de nourriture pour recevoir le visiteur, même s'il surgit à l'improviste, accompagné d'amis que l'on ne connaît pas. La rareté n'est pas un donné qui s'impose à nous, comme le pensent les économistes. C'est un construit, qui résulte de pratiques sociales. C'est la façon dont il est partagé qui détermine la taille du gâteau.

Cette évocation me fait penser à une histoire semblable, où l'administration de la mort est remplacée par l'accueil de la vie. Il y a longtemps, ma femme brésilienne et moi entendions les confidences d'un autre couple franco-brésilien qui venait d'adopter une petite fille au Brésil. Ils nous expliquaient qu'il avait été essentiel pour eux de ne pas tirer avantage de ce que permet en principe l'adoption, à savoir de choisir le bébé selon une liste de critères : sexe, couleur de la peau, état de santé, vivacité du regard, que sais-je. Il importait que le hasard de la procréation, cette marche apparemment aveugle d'un spermatozoïde en direction d'un ovule, se retrouve de quelque façon dans le processus qui les mettrait en rapport avec un bébé. Eh quoi, demandai-je bêtement, vous avez procédé à une loterie ? Vous êtes allés dans une crèche où se trouvaient des enfants adoptables et vous avez tiré à pile ou face, ou jeté un dé ? Je me souviens du regard de commisération que me lança le nouveau père. Ce serait bien pire, expliqua-t-il (c'était un épistémologue).

Ce hasard-là reste dans l'ordre du calculable, d'où le calcul des probabilités. Il est consubstantiel à la maîtrise de l'homme sur les choses. Mais il existe une autre forme de hasard, qu'il vaudrait mieux appeler indétermination. C'est le hasard des choses de la vie. Nous avions des correspondants en divers points du Brésil, qui savaient que nous cherchions un enfant. Un soir – nous étions nous-mêmes dans le pays – nous reçûmes un appel de l'un d'entre eux nous informant qu'un bébé venait d'être abandonné dans un hôpital dans une ville distante de cinq cents kilomètres de l'endroit où nous étions, et séparée de nous par une chaîne de montagnes. Un autre couple, habitant la ville en question, était intéressé à adopter l'enfant. Nous devions donc nous décider sur-le-champ, sans voir l'enfant. Oui ou non. Nous dîmes oui et partîmes sans attendre. Voici comment nous sommes devenus les parents de cette adorable petite fille[1].

Le meilleur choix, dans ces circonstances, n'est-il pas de ne pas choisir ?

---

1. Cette petite fille est devenue grande, elle a aujourd'hui quarante ans. C'est Béatrice, ma fille.

8

La vie « biologique » : grandeur et déclin
21 août 2020

La « vie biologique » : cette expression baroque est utilisée par les intellectuels covidosceptiques, en alternance avec celle de « vie nue » forgée par le philosophe italien Giorgio Agamben, pour signifier la vie telle que, croient-ils, les biologistes la conçoivent, cette mystérieuse propriété que tous les êtres vivants ont en commun, un cafard pas moins qu'une gazelle, un chêne non moins qu'un bébé d'homme. Ils reprochent tant aux mouvements écologiques qu'à la lutte contre le virus SARS-CoV-2 d'« idolâtrer » cette forme brute de vie, trop répandue selon eux pour avoir une vraie valeur, en sacrifiant des valeurs supérieures que seule l'humanité partage, et pour lesquelles elle devrait être prête, au contraire, à sacrifier la vie biologique, à commencer par la sienne propre [3].

Non seulement les intellectuels se trompent sur la manière dont la science de la vie, la biologie, conçoit aujourd'hui la vie, leur erreur résultant probablement du fait que la plupart d'entre eux n'ont aucune culture scientifique. Ils commettent qui plus est une double faute. Ils sont aveugles à l'incroyable beauté et à l'incomparable richesse de la vie dues à la complexité de son organisation. Car ce qui fait la singularité de la vie, ce n'est pas la substance dont elle est faite : rien en elle n'échappe aux lois de la physique et de la chimie. Aucun « vitalisme » n'intervient dans son fonctionnement, contrairement à ce que les intellectuels reprochent aux « idolâtres » de la vie de penser. Non, c'est son mode d'organisation qui fait toute la différence. Et c'est en ce point que réside la seconde faute, extrêmement grave, commise par les intellectuels. Ils ne voient pas ce qui, aujourd'hui, menace le plus la vie. Ce n'est certainement pas leurs propos, même si ceux-ci, s'ils sont entendus, aggravent la pandémie. Ce n'est même pas la destruction par l'homme de son environnement. Non, ironie suprême, c'est la biologie elle-même, comme science et comme technique, qui est devenue la principale ennemie de la vie « biologique ». Et cela, parce que l'homme s'est mis en tête d'« émuler » avec toute son intelligence, mais aussi son *hybris*, sa démesure, ce que la Nature lui présentait. Et la question se pose, de plus en plus urgente, de savoir si une vie-artefact est encore la vie. Cette question, les intellectuels ne peuvent évidemment la poser, tout occupés qu'ils sont à « désacraliser » la vie.

Pour tenter d'y voir clair, on ne peut faire l'économie d'une plongée parfois difficile, en apnée, dans l'histoire et la philosophie des sciences[1].

La naissance d'une idée : l'auto-organisation

Les idées, modèles et concepts que je vais présenter sont nés et ont été développés durant les deux décennies qui couvrent la période 1936-1956 ; en particulier au sein de dix conférences, connues comme les conférences Macy, qui furent le berceau de la cybernétique et donc des sciences cognitives, et où se retrouvèrent à New York (et, pour la dernière, à Princeton), de 1946 à 1953, certains des plus grands esprits du siècle. L'énorme répercussion, que nous dirions de nos jours « médiatique », que les travaux des premiers cybernéticiens eurent sur l'opinion publique, américaine d'abord, puis mondiale, est difficilement imaginable aujourd'hui.

---

1. Je résume quelques-unes des conclusions auxquelles je suis arrivé au bout d'une trentaine d'années de recherches. Cf. Jean-Pierre Dupuy, *On the Origins of Cognitive Science*, Cambridge (Mass.), The MIT Press, 2009 ; *The Mechanization of the Mind*, Princeton (NJ), Princeton University Press, 2000 ; *Les savants croient-ils en leurs théories ? Une lecture philosophique de l'histoire des sciences cognitives*, Paris, INRA Éditions, 2000.

Il ne s'agissait de rien de moins que de construire une science matérialiste de l'esprit. Cette science ne pouvait pas ne pas avoir d'impact sur la biologie, et c'est bien au sein de la cybernétique que se forma l'embryon de ce qui allait se nommer la biologie moléculaire.

Dès le départ, le concept de complexité devait jouer un rôle de premier plan. C'est le grand mathématicien d'origine hongroise John von Neumann qui en fut le porteur. Nous lui devons certaines des créations les plus importantes qui ont conduit le monde à l'état où nous le trouvons aujourd'hui, pour le meilleur et pour le pire : la bombe A et la bombe H, la théorie de l'information et la théorie des automates, donc l'ordinateur, la théorie des jeux et, de là, la pensée stratégique, des chapitres importants de la théorie quantique et de la logique mathématique. La définition que von Neumann donna en 1948 de la complexité est ce qu'on appelle, en philosophie des mathématiques, une définition récursive : est complexe un système capable de complexification. Est complexe ce qui peut devenir encore plus complexe. L'apport essentiel de von Neumann fut de montrer que cette définition n'est pas logiquement contradictoire, donc, selon une acception leibnizienne de la possibilité, que les systèmes complexes sont possibles. La montée en complexité ne produit pas nécessairement de la conscience, mais certainement de l'autonomie et de l'autoréférence. Un automate autoreproducteur (un système vivant) n'est concevable que s'il est complexe au sens de von Neumann.

Surtout, von Neumann aura montré que les concepts apparemment contradictoires avec lesquels l'épistémologie de son temps se débattait trouvaient à se réconcilier grâce au nouveau paradigme. Oui, il est possible de tenir ensemble la causalité et le finalisme, grâce au concept de système dynamique complexe ; oui, il est possible de faire naître l'intentionnalité du hasard, grâce au concept d'attracteur d'un système stochastique ; oui, on peut réconcilier la convergence (vers un point d'attraction) et la divergence (l'arborescence buissonnante des possibles), grâce au concept d'émergence ; oui, l'immanence et la transcendance peuvent être pensées ensemble, grâce aux modèles de l'auto-transcendance.

Ce sont ces points que je voudrais développer à présent.

Avant que Norbert Wiener donne au mouvement naissant le nom de cybernétique en 1948, les participants aux conférences Macy se reconnaissaient par le nom de code de « mécanismes téléologiques ». On ne mesure plus aujourd'hui le poids de scandale qui pouvait alors s'attacher à cette formule, véritable bombe oxymoronique, pure contradiction dans les termes. Elle semblait confondre deux types d'explication, l'explication (mécanique) par les causes, la seule qui soit admise par la science, et l'explication par les fins (*telos*), rigoureusement bannie par celle-ci. Bien sûr, les cybernéticiens ne se rendaient pas coupables de cette confusion, bien sûr ils se pliaient complètement à la discipline scientifique et ne reconnaissaient que les explications par les causes. Ce que l'expression « mécanismes téléologiques » entendait désigner, c'est la capacité qu'ont certains systèmes matériels « complexes » de mimer, de *simuler*, par leurs comportements, les manifestations de ce que, dans le langage courant, non épuré par l'attitude scientifique, nous appelons une fin, un but, voire une intention ou une finalité. La conviction des cybernéticiens était que derrière ces manifestations, il n'y avait rien d'autre qu'une organisation causale d'un certain type, qu'il leur revenait précisément de dégager. Quel que soit le *hardware* dans lequel elle est implémentée – et, en particulier, qu'il s'agisse d'un système matériel naturel ou d'un système matériel artificiel –, l'organisation causale en question redonnerait les mêmes effets de finalité ou d'intentionnalité.

Ce qu'il est important de comprendre ici, c'est que, par contraste avec les sciences cognitives qui allaient suivre, la première cybernétique ne faisait pas naître le sens du calcul. Elle le faisait surgir directement du niveau des lois physiques causales. En ce début du IIIᵉ millénaire, l'idée d'une *physique du sens* n'a rien d'incongru. Une série impressionnante de découvertes scientifiques et mathématiques réalisées tout au long de la seconde moitié du xxᵉ siècle auront complètement modifié l'idée que nous nous faisons de la dynamique, cette branche de la mécanique dite autrefois « rationnelle » qui s'intéresse aux évolutions ou trajectoires d'un système matériel soumis à des lois physiques purement causales. Il est aujourd'hui bien connu que les systèmes dits « complexes », constitués de nombreux éléments en interactions non linéaires, possèdent des propriétés dites émergentes remarquables qui légitiment qu'on les décrive en utilisant des termes qu'on croyait bannis à tout jamais de la science issue de la révolution galiléo-newtonienne. On dit ainsi de ces systèmes qu'ils sont doués d'« autonomie », qu'ils « s'auto-organisent », que leurs trajectoires « tendent » vers des « attracteurs », qu'ils ont une « intentionnalité » ou « directionnalité » – comme si leurs trajectoires étaient guidées par une fin qui leur donnait sens et direction alors même qu'elle n'est pas encore advenue ; comme si, pour emprunter les catégories aristotéliciennes, des causes purement efficientes étaient capables de produire des effets mimant les effets d'une cause finale.

Les concepts et les théories physico-mathématiques qui auront contribué à ce bouleversement sont légion et s'articulent les uns aux autres de manière subtile. Citons en vrac : les catastrophes, les attracteurs et bifurcations de systèmes dynamiques non linéaires, les phénomènes critiques et les brisures de symétrie, l'auto-organisation et ses états critiques, la thermodynamique non linéaire et les structures dissipatives, la physique des systèmes désordonnés, le chaos déterministe, etc. Les modèles de cette nouvelle physique permettent de comprendre les mécanismes de la morphogénèse, c'est-à-dire l'émergence de structures qualitatives à un niveau macroscopique qui peuvent rétroagir sur leurs conditions d'émergence[1].

À l'époque où la cybernétique prend son essor, les théories physico-mathématiques dont je viens de parler n'existent pas encore, ou n'en sont qu'à un stade embryonnaire. Les cybernéticiens, en excellents spécialistes de la physique et des mathématiques, sont cependant armés d'une boîte à outils conceptuels qui comprend des notions déjà classiques, comme celle d'attracteur d'un système dynamique, mais aussi des notions plus révolutionnaires que la cybernétique invente

---

1. Jean Petitot, Francisco Varela, Bernard Pachoud et Jean-Michel Roy (dir.), *Naturalizing Phenomenology : Issues in Contemporary Phenomenology and Cognitive Science*, Palo Alto, Stanford University Press, 1999.

ou en tout cas développe considérablement, comme celles de *feedback*, de causalité circulaire, de système et de complexité. Surtout, elle dispose de cet instrument de pensée incomparable qu'est le réseau de neurones.

L'un des affrontements que j'ai mis en scène dans mon livre *On the Origins of Cognitive Science* est celui qui opposa Norbert Wiener et John von Neumann, le premier incarnant le thème du contrôle, de la maîtrise et du *design*, le second les thèmes de la complexité et de l'auto-organisation. La cybernétique ne réussit jamais à résoudre la tension, voire la contradiction, entre ces deux paradigmes. Elle ne donna jamais de réponse satisfaisante à ce qui constituait l'une de ses ambitions ou l'un de ses rêves, à savoir concevoir (*design*) et fabriquer une machine autonome. Fallait-il le tenter à propos de la cognition (le titre d'un célèbre ouvrage de Ross Ashby sera *Design for a Brain*) ou à propos de la vie (le terme d'*artificial life* n'arrivera que beaucoup plus tard) ? Là aussi, les tensions furent très vives entre John von Neumann, partisan de la vie, et le principal artisan des conférences Macy, leur « cerveau », le neuropsychiatre devenu logicien, Warren McCulloch, partisan de la cognition. Ce fut ce dernier qui l'emporta.

Cependant, deux courants allaient prendre la suite de cette première cybernétique : l'un, dominant, le cognitivisme, se nourrissant, entre autres, des développements de l'informatique et de l'intelligence artificielle ; le second, dominé, lequel, sous le nom de cybernétique du second ordre, allait développer les théories des systèmes à auto-organisation, les théories de la complexité et bien d'autres branches et sous-branches. C'est par ce dernier courant que je suis venu quant à moi aux sciences cognitives. C'est en effet ce courant qui a maximisé les interactions avec la philosophie sociale, économique et politique, l'œuvre de Friedrich Hayek jouant ici un rôle de pivot essentiel. Je rappelle à ce propos que nous devons au prix Nobel d'économie Hayek la pleine compréhension de ce que Darwin doit à ce qu'il a appelé les darwiniens avant Darwin, essentiellement les membres des Lumières écossaises, singulièrement Adam Smith et surtout Adam Ferguson : la démonstration qu'un ordre complexe peut s'auto-constituer sans qu'aucun esprit ne l'ait conçu ni voulu. De l'ordre social, Ferguson disait qu'il était « le résultat de l'action des hommes, mais non de leurs desseins » (« *the result of human action but not of human design* »).

On peut dire que l'une des avancées conceptuelles les plus remarquables de la cybernétique et des disciplines qu'elle a enfantées aura été la naissance et le développement de l'idée métaphysique de « *machine naturelle* ». La thèse que je voudrais maintenant exposer est que la dynamique présente de la technoscience se nourrit de la corruption et de la décomposition de cette idée. Les implications éthiques et politiques en sont considérables. Auparavant, plusieurs précisions sont indispensables. Le lecteur de Descartes peut soupçonner ici un anachronisme. Il n'a évidemment pas fallu attendre le xxe siècle pour que l'on songe à traiter la nature et la vie comme des machines. Mais il ne faut pas confondre deux choses : le fait de traiter la nature et la vie comme des machines artificielles, donc conçues par un artificier, un *designer*, d'une part ; et d'autre part, le fait de traiter la nature et la vie comme des machines naturelles, donc sans *designer*, mais avec finalité immanente propre aux dynamiques auto-organisatrices complexes, et cela grâce aux concepts que j'ai signalés.

Dans le premier cas, on reste dans le finalisme, ainsi que le soulignait Georges Canguilhem en 1946 :

> On peut donc dire qu'en substituant le mécanisme à l'organisme, Descartes fait disparaître la téléologie de la vie ; mais il ne la fait disparaître qu'apparemment, parce qu'il la rassemble tout entière au point de départ. Il y a substitution d'une forme anatomique à une formation dynamique, mais comme cette forme est un produit technique, toute la téléologie possible est enfermée dans la technique de production. À la vérité, on ne peut pas, semble-t-il, opposer mécanisme et finalité, on ne peut pas opposer mécanisme

et anthropomorphisme, car si le fonctionnement d'une machine *s'explique* par des relations de pure causalité, la construction d'une machine ne *se comprend* ni sans la finalité, ni sans l'homme. Une machine est faite par l'homme et pour l'homme, en vue de quelques fins à obtenir, sous forme d'effets à produire[1].

Le défi de l'idée de machine naturelle est précisément de sortir une fois pour toutes du paradigme de la finalité extérieure à la machine, qui lui serait imposée. J'ai qualifié cette idée de « métaphysique ». Il convient de préciser ce mot. Je l'utilise dans le sens que lui a donné l'épistémologue Karl Popper. Après Émile Meyerson[2], Popper nous a appris qu'il n'y a pas de science ni de technologie qui ne repose sur un « programme métaphysique de recherche », ensemble de présuppositions sur la structure du monde qui ne sont ni testables ni « falsifiables » empiriquement, mais qui n'en jouent pas moins un rôle essentiel dans l'avancement de la science. C'est en ce sens que la notion de « machine naturelle » a joué et devrait jouer plus que jamais un rôle de programme métaphysique de recherche. Hélas, c'est sa corruption qui a pris le dessus.

1. Georges Canguilhem, « Machine et organisme » (1946-1947) ; repris in *La Connaissance de la vie* (1952), Paris, Vrin, 2006, p. 143-146.
2. Émile Meyerson, *De l'explication dans les sciences*, Lausanne, Payot, 1921.

Sa corruption, c'est-à-dire sa métaphore, à savoir le concept de machine artificielle − car *c'est la machine artificielle qui, dans cette histoire, est la métaphore de la machine naturelle et non l'inverse.* C'est évident avec la métaphore centrale de la biologie moléculaire : le génome est comme un programme d'ordinateur. Mais un programme a forcément un concepteur ! Il est très difficile de penser le concept d'une machine sans concepteur. C'est pourtant ce que les concepts que j'ai mentionnés permettent de faire, mais, malheureusement, ceux-là mêmes qui ont contribué à les inventer sont les premiers à les trahir, se rabattant sur cette forme de vitalisme ou de finalisme indirect qu'est le recours à l'image de la machine artificielle.

Le triangle d'or : art, technique, vie

a) *Nature et technique : machines naturelles*

Je voudrais introduire ici une distinction conceptuelle importante, faite très tôt par les théories néo-cybernétiques de l'auto-organisation, à propos du rôle du hasard dans la constitution d'un ordre complexe par émergence, sans recours à un artificier, un *designer*. C'est la distinction entre deux principes morphogénétiques,

ordre à partir du bruit et *complexité à partir du bruit*[1].
Pour illustrer la différence formelle entre ces deux principes, je vais présenter deux expériences de pensée qui ne requièrent que des mathématiques élémentaires.
La première expérience, depuis sa création en 1937, peut toujours être faite par les visiteurs du Palais de la Découverte à Paris qui veulent bien s'y livrer. Il s'agit de lancer au hasard une aiguille sur une grille de lignes équidistantes. La longueur de l'aiguille est la moitié de la distance qui sépare deux lignes voisines. Deux cas sont possibles : l'aiguille coupe ou non l'une des lignes qui composent la grille. Un compteur calcule à tout moment la proportion des cas où il y a intersection. Au cours du temps, des millions de personnes se sont livrées à cette occupation innocente. La proportion en question a connu des oscillations progressivement amorties et elle s'est rapprochée de plus en plus d'une valeur connue aujourd'hui avec une précision de plusieurs milliers de décimales. Le début en est : 0,318309886183791... Il se trouve que cette valeur

---

1. Ces expressions ont été forgées et utilisées par la tradition néo-cybernétique, en particulier par Heinz von Foerster, Henri Atlan et Francisco Varela. Sur cette tradition et son rapport à la première cybernétique et aux sciences cognitives en général, on pourra consulter Jean-Pierre Dupuy, *The Mechanization of the Mind, op. cit.* En théorie de l'information, le « bruit » est tout ce qui perturbe la transmission du signal. Dans les exemples qui suivent, il prend la forme du hasard.

de convergence est l'inverse de Π (pi), le rapport de la circonférence d'un cercle à son diamètre. C'est ainsi que l'on peut déterminer expérimentalement la valeur de Π avec une précision aussi forte que l'on veut. La même expérience est reproduite dans plusieurs musées des sciences de la planète et, partout, c'est vers cette même valeur, l'inverse de Π, que converge la proportion des cas d'intersection.

Cette expérience est connue sous le nom d'« aiguille de Buffon », du nom du célèbre naturaliste français qui fut aussi un éminent mathématicien. Elle ne fait que concrétiser, certes de façon spectaculaire, la loi des grands nombres : la fréquence d'un événement aléatoire tend au cours du temps à se rapprocher de sa probabilité *a priori*. Buffon put démontrer de façon très élégante que la probabilité d'intersection est précisément égale à l'inverse de Π. Le hasard (le « bruit ») ne fait que se mettre au service d'une nécessité préexistante. C'est là un cas d'ordre à partir du bruit.

La seconde expérience de pensée illustre le pouvoir morphogénétique de l'imitation. Sous le nom d'« urne de Pólya[1] », elle est devenue la matrice d'une variété considérable de modèles scientifiques. Une urne

---

1. D'après le nom du professeur de mathématiques de Stanford George Pólya, qui fut entre autres le maître de John von Neumann, comme lui d'origine hongroise.

contient une boule blanche et une boule noire. On tire une boule au hasard, on la remet dans l'urne et l'on ajoute à son contenu une boule de la même couleur. Le nombre de boules dans l'urne augmente donc d'une unité à chaque tirage. On s'intéresse à l'évolution de la proportion des boules blanches au cours du temps. Il est facile de simuler cette évolution au moyen d'un calculateur de poche muni d'un générateur de nombres au hasard. On réalise l'expérience et on observe avec étonnement que la dynamique de ce système très simple, mais incluant une mémoire, se comporte comme dans le cas de l'aiguille de Buffon : des oscillations s'amortissent et convergent bientôt vers une certaine valeur, que l'on obtient avec une précision aussi grande que l'on veut, à condition de réaliser l'expérience assez longtemps. Cette valeur, surprise, est différente de ½. Pourquoi est-ce une surprise ? Les données de l'expérience sont parfaitement symétriques. D'où peut donc bien provenir la brisure de symétrie ? Aucune explication rationnelle ne semble capable d'en rendre compte.

Il est important de comprendre ce qui fait de ce modèle la formalisation la plus simple d'une dynamique mimétique. Chaque événement aléatoire – ici, le tirage d'une boule d'une certaine couleur – change les conditions du tirage suivant en modifiant les probabilités *a priori*, renforçant les chances de la couleur en question. C'est un processus d'autorenforcement que l'on peut illustrer par l'apologue suivant. Deux distraits se rendent de conserve et d'un pas décidé au même endroit. Aucun des deux ne connaît en vérité l'endroit en question, mais chacun croit que l'autre le connaît. Chacun suit donc le chemin tracé par son compagnon. Il en résulte une trajectoire dotée d'une certaine stabilité, certes toute relative car tôt ou tard les marcheurs se rendront compte de leur méprise mutuelle.

Revenons à l'urne de Pólya. De fait, une différence essentielle sépare ce cas de celui de l'aiguille de Buffon. Chaque fois que l'on refait l'expérience, une valeur émerge, certes, mais elle est chaque fois différente. Elle est intimement liée à l'expérience singulière. La dynamique semble converger vers une valeur préexistante, être guidée par elle, mais la valeur en question est le produit causal de l'expérience elle-même. Si l'on reste confiné à l'expérience singulière, il est impossible de différencier la dynamique mimétique de celle qui caractérise l'aiguille de Buffon : il y a *convergence* vers une valeur. Du point de vue extérieur cependant – qu'on ne peut atteindre qu'en se projetant hors de l'expérience singulière pour la voir comme la réalisation d'une possibilité parmi une infinité d'autres possibles –, la *divergence* apparaît comme maximale. La distribution des probabilités *a priori* des valeurs de convergence est en effet uniforme sur l'intervalle [0,1]. Nous sommes dans le cas de la complexité à partir du bruit. Le hasard fait émerger un type de nécessité qui n'est tel que pour un regard *a posteriori*.

La relation entre la dynamique mimétique et son comportement asymptotique (c'est-à-dire lorsque le temps tend vers l'infini) prend la forme d'une boucle entre le niveau du comportement émergent (qu'on appelle un *attracteur*) et le niveau de la dynamique elle-même, selon le schéma suivant :

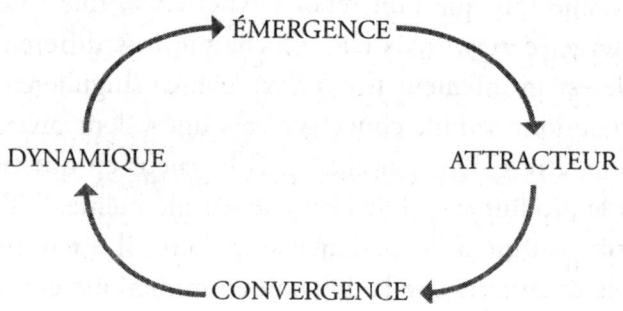

Complexité à partir du bruit : la dynamique converge vers un attracteur qu'elle engendre elle-même. L'évolution est dite « dépendante du chemin » (*path-dependent*).

Une théorie de l'évolution, qu'il s'agisse de l'évolution biologique ou de l'évolution culturelle, qui se structure autour d'un principe d'ordre à partir du bruit est incapable de rendre compte de la diversité du monde. Les dynamiques qu'elle engendre tendent toutes vers des attracteurs préexistants. Le néo-darwinisme, en biologie ou, pire, dans les sciences sociales, lorsqu'il se réfère à la notion de « survie du plus adapté », tombe sous le coup de cette critique. Darwin lui-même perçut le danger. Dès la première édition de *L'Évolution des espèces*, il mit en garde contre l'idée que la sélection naturelle pouvait être le seul facteur de l'évolution. Il écrivit : « Je suis persuadé que la sélection, si elle a constitué le principal moyen de l'évolution, n'en a pas eu l'exclusivité. » Dans la préface à la sixième édition, il se crut obligé de marteler ce point, pour ajouter, désabusé : « Cela n'a servi à rien [que j'insiste sur ce point]. Le pouvoir des fausses représentations est incommensurable. »

Afin d'échapper à cette impasse, nous savons aujourd'hui que nous avons besoin de quelque chose comme le principe de complexité à partir du bruit.

b) Art et nature : critique du jugement téléologique

La stratégie que développe Kant dans la seconde partie de sa troisième *Critique*, intitulée « Critique du jugement téléologique », trouve dans l'expression de « mécanismes téléologiques » utilisée par les premiers cybernéticiens un condensé frappant. Les seules explications acceptables sont celles qui, en dernière instance, font appel à des mécanismes causaux. Toutefois, face aux manifestations les plus étonnantes de la complexité de la nature (la vie pour Kant ; l'esprit pour les cybernéticiens), il est inévitable de recourir à une autre « maxime de jugement », le « jugement téléologique ». Des concepts comme ceux de « finalité interne » sont indispensables, et parfaitement légitimes, à condition de se souvenir qu'ils n'ont qu'une pertinence heuristique ou descriptive. Le jugement téléologique consiste à faire comme si (*als ob*) ils avaient une valeur objective. Le rôle que joue, dès l'origine cybernétique, la simulation dans l'histoire des sciences cognitives est, pour une part, un reflet de cette stratégie du « faire semblant ».

Ce n'est évidemment pas par hasard que la troisième critique kantienne unit deux parties qui pourraient sembler sans rapport à un esprit non averti : une théorie de l'« auto-organisation » de la nature avant la lettre et une critique du jugement esthétique. C'est dans la théorie du processus artistique du philosophe italien Luigi Pareyson[1] que le rapport est le plus visible. C'est seulement en faisant que le créateur découvre

---

1. Voir en particulier ses *Conversations sur l'esthétique*, trad. Gilles A. Tiberghien, Paris, Gallimard, 1992.

ce qu'il veut faire. Une fois l'œuvre achevée, on saisit qu'elle ne pouvait être autre. Imprévisible avant, elle apparaît nécessaire après. Ce n'est ni le hasard ni un plan préexistant qui règne. L'invention et l'exécution sont simultanées. L'œuvre découvre sa propre loi en se façonnant. Subissant une contrainte dont il est l'auteur, l'artiste se trouve donc à la fois totalement libre et totalement soumis : étrange dialectique où la forme est à la fois *formée* et *formante*. Décrivant la composition de *La Jeune Parque*, le poète Paul Valéry parlait de la « croissance naturelle d'une fleur artificielle ».

c) Les métaphores dangereuses : de la machine vivante à la vie artificielle

J'ai, pendant quinze ans, beaucoup investi dans la réflexion sur les fondements philosophiques de ce qu'on appelle la « convergence NBIC », c'est-à-dire la convergence des nanotechnologies, des biotechnologies, des technologies de l'information et des sciences cognitives, et sur ses implications éthiques. J'y ai retrouvé l'essentiel des tensions, des contradictions, des paradoxes et des confusions que j'avais décelés au sein de la cybernétique puis des sciences cognitives[1].

---

1. Jean-Pierre Dupuy, « Some Pitfalls in the Philosophical Foundations of Nanoethics », *Journal of Medicine and Philosophy*, vol. 32,

Mais c'est cette fois beaucoup plus grave, car il ne s'agit plus seulement de théorie, de vision du monde, mais d'un programme d'action sur la nature et sur l'homme. Je me suis interrogé sur la métaphysique sous-jacente à ce programme. Je n'ai pas eu à chercher bien loin. La réponse se trouvait dans l'un des premiers rapports de la National Science Foundation consacré au sujet et intitulé *Converging Technologies for Improving Human Performance*[1]. On y lit, sous la forme d'un petit poème :

Si les cognitivistes peuvent le concevoir
Les spécialistes des nanos peuvent le réaliser
Les biologistes peuvent l'implémenter
Et les informaticiens le contrôler[2].

2007, p. 237-261 ; Jean-Pierre Dupuy, « Complexity and Uncertainty. A Prudential Approach to Nanotechnology », in John Weckert *et al.* (dir.), *Nanoethics : The Ethical and Social Implications of Nanotechnology*, Hoboken (NJ), John Wiley & Sons, 2007 ; Jean-Pierre Dupuy, « The Double Language of Science, and Why It Is so Difficult to Have a Proper Public Debate About the Nanotechnology Program », préface à Fritz Allhoff et Patrick Lin (eds.), *Nanoethics : Emerging Debates*, Dordrecht, Springer, 2008 ; Jean-Pierre Dupuy et Alexei Grinbaum, « Living With Uncertainty : Toward a Normative Assessment of Nanotechnology », *Techné*, joint issue with *Hyle*, vol. 8, n° 2, 2004, p. 4-25.
   1. Mihail C. Roco et William S. Bainbridge, *Converging Technologies for Improving Human Performance : Nanotechnology, Biotechnology, Information Technology and Cognitive Science*, Washington, National Science Foundation, 2002.
   2. *Ibid.*, p. 13. Ma traduction.

Dans cette division du travail, les sciences cognitives jouent le rôle de leader, celui du penseur, ce qui n'est pas négligeable !

Ainsi, la métaphysique de la convergence NBIC se révèle être le projet philosophique des sciences cognitives. Nul étonnement donc à ce que les contradictions de celui-ci se retrouvent au cœur de celle-là.

Il s'agit pour les « technologies convergentes » de prendre la relève de la nature et de la vie et de devenir les ingénieurs de l'évolution, les *designers* des processus biologiques et naturels. Le point de départ est la constatation que l'évolution biologique a jusqu'à présent procédé par *bricolage*, en sabotant plus ou moins le travail. Voici un exemple typique du genre de dérapage que l'on observe dans les paroles de scientifiques qu'on ne soupçonnerait pour rien au monde de pouvoir commettre un sacrilège lèse-Darwin.

Confrontons une philosophie théiste et un savant évolutionniste d'aujourd'hui.

Observant les complexités de la nature et de la vie, les philosophes théistes en inféraient l'existence de Dieu au moyen de l'argument douteux du dessein (*design*). Ainsi David Hume, dans ses *Dialogues sur la religion naturelle* (1776), met-il dans la bouche de Cléanthe les propos suivants :

Jetez les yeux autour du monde, regardez-le dans son ensemble et dans ses parties : vous trouverez qu'il n'est qu'une grande machine divisée en un nombre infini de moindres machines, qui se subdivisent encore à un degré que les sens et l'intelligence de l'homme ne peuvent ni tracer ni expliquer. Toutes les machines diverses, et même leurs parties les plus déliées sont adaptées les unes aux autres avec une exactitude qui ravit en admiration tous les hommes qui les ont contemplées. La manière curieuse dont les moyens s'adaptent aux fins, dans toute l'étendue de la nature, ressemble exactement, quoiqu'elle les surpasse de beaucoup, aux ouvrages sortis de la main des hommes, aux résultats de leurs desseins, de leur pensée, de leur sagesse et de leur intelligence. Puisque les effets se ressemblent l'un à l'autre, nous avons droit d'inférer, par les lois de l'analogie, que les causes se ressemblent aussi, et que l'auteur de la nature est en quelque façon semblable à l'homme, quoiqu'il soit doué d'attributs bien plus relevés à proportion de la grandeur de l'ouvrage dont Il est l'auteur. Par cet argument *a posteriori* et par cet argument seul, nous prouvons en même temps l'existence de Dieu et sa ressemblance avec l'esprit et l'intelligence de l'homme.

La meilleure preuve que le paradigme du *design* a gagné la partie nous est donnée, paradoxalement, par la manière dont le scientifique évolutionniste d'aujourd'hui, confronté aux mêmes complexités, renverse l'argument du dessein en concluant qu'il y a, dans la nature, trop de choses qui n'auraient aucun sens si elles résultaient de l'exécution d'un plan. Si un grand architecte était responsable de l'état de la nature et de la vie, il faudrait sans hésiter le renvoyer à sa planche à *dessin*, c'est-à-dire à dessein. Mais nous sommes ici sur une pente savonneuse. Le modèle du *design* est si prégnant – et les concepts de machine naturelle, de finalité immanente, d'auto-organisation si difficiles à saisir – que la métaphore de la machine artificielle reprend inévitablement le dessus. Au lieu d'inférer des « imperfections » de la nature [9] – ou plutôt de ce qu'une science inféodée à la technique tient pour telles – que celle-ci ne résulte d'aucun dessein ni conception, on dira que la conception est mauvaise. Une conversation entre le journaliste vedette Michael Krasny et le biologiste évolutionniste Neil Shubin, saisie sur les ondes de la radio publique nationale américaine en janvier 2008, illustre ce point à merveille. Neil Shubin venait de publier un livre fascinant, *Your Inner Fish* (« Le poisson intérieur »), dans lequel il rapporte certaines bizarreries de l'anatomie humaine à la rémanence en nous de nos ancêtres marins :

> NS : Nous n'avons pas été conçus très intelligemment. Nous avons été conçus historiquement. [...]

> Quand vous examinez le corps humain, vous trouvez des détours bizarres, des boucles, des tours et retours qui n'ont aucun sens. Aucune personne saine d'esprit n'aurait conçu un corps de cette façon.
> MK : Vous voulez dire que Dieu n'était pas sain d'esprit ?
> [Rires]
> NS : Les poissons, eux, étaient parfaitement sains d'esprit. [...] Le cordon spermatique chez le mâle humain fait une boucle bizarre autour du pelvis : c'est vraiment de la mauvaise conception ! [*A really bad design !*]

L'étape suivante consiste inévitablement à se demander si l'esprit humain ne pourrait pas prendre le relais de la nature pour accomplir plus efficacement et intelligemment son œuvre créatrice. Le visionnaire Damien Broderick, grand promoteur des nanotechnologies, demande : « Ne peut-on penser que des nano-systèmes, conçus par l'esprit humain, court-circuiteront toute cette *errance darwinienne* pour se précipiter tout droit vers le succès du *design*[1] ? » Dans une perspective d'études culturelles comparées, il est fascinant de voir la science américaine, qui doit se battre de haute lutte pour chasser de l'enseignement public toute trace de créationnisme, y compris dans ses avatars les plus

---

1. Damien Broderick, *The Spike : How Our Lives Are Being Transformed by Rapidly Advancing Technologies* (1997), New York, Forge, 2001, p. 118.

récents, comme l'*intelligent design*, retrouver par le biais du programme nanotechnologique la problématique du *design*, avec simplement désormais l'homme dans le rôle du démiurge.

Il y a ici un tour de passe-passe extraordinaire. On a remplacé dans les représentations de la nature et de la vie la machine naturelle par la machine artificielle, et la tentation est alors de se demander : pourquoi nous, les hommes, qui par « nature » fabriquons des machines artificielles, nous ne ferions pas mieux que la nature et ses propres machines artificielles ?

La chose essentielle ici n'est pas tant la rivalité mimétique entre l'homme et la nature – on admire quand même tout le poids de mépris contenu dans l'expression « *errance darwinienne* » : François Jacob parlait, lui, de bricolage – que l'importance de l'enjeu : il s'agit, entre l'homme et la nature, d'être le meilleur concepteur ! Mais toutes les critiques que la science adresse au paradigme du « dessein intelligent », critiques qui ont précisément conduit aux concepts de l'auto-organisation et de la machine naturelle, s'appliquent évidemment avec encore plus d'à propos au dessein humain. Il y a beaucoup trop d'information, c'est-à-dire de complexité, dans les organisations que nous présente la nature pour qu'un esprit, fût-il celui de Dieu – le Dieu de la théologie naturelle –, ait pu les concevoir. L'humanité s'évertue donc à réaliser un exploit dont elle juge que Dieu lui-même est incapable. De son orgueil peuvent sortir des monstres qui nous dévoreront.

Fabriquer la vie *ex nihilo*

L'ambition suprême des promoteurs de la convergence NBIC n'est pas de diriger la noosphère. Je crois même possible de dire que ce n'est pas de créer un homme nouveau, un être en transition vers une post-humanité. Car, après tout, on peut dire que l'humanité a toujours visé, sinon fait cela. Non, leur ambition ultime, c'est de fabriquer la vie *ex nihilo*. Nous sommes peut-être très proches de ce moment qui, à n'en pas douter, constituerait une étape cruciale dans l'évolution biologique.

Il existe un argument philosophique *a priori* selon lequel, même si l'homme réussit à fabriquer de la vie, cette vie artificielle ne sera pas la vie. On le trouve dans l'œuvre de Georges Canguilhem citant Paul Valéry :

> Artificiel veut dire qui tend à un but défini. Et s'oppose par là à *vivant*. Artificiel ou humain ou anthropo-morphe se distinguent de ce qui est seulement vivant ou vital. Tout ce qui parvient à apparaître sous forme

d'un but net et fini devient artificiel et c'est la tendance de la conscience croissante. C'est aussi le travail de l'homme quand il est appliqué à *imiter* le plus exactement possible un objet ou un phénomène spontané. La pensée consciente d'elle-même se fait d'elle-même un système artificiel. *Si la vie avait un but, elle ne serait plus la vie*[1].

La « vie *pour* » (par exemple, pour satisfaire des besoins humains en la faisant produire des protéines que la biosphère actuelle n'a pas engendrées) n'est pas la vie, et une dimension du rêve nanobiotechnologique le perçoit bien. Cette dimension consiste à vouloir que l'être que l'on crée échappe à notre maîtrise, de la même manière que la vie échappe à ses conditions d'émergence. Il en résulte que l'ingénieur de demain ne sera pas un apprenti sorcier par négligence ou incompétence, mais par *dessein* (*design*). Le vrai *design*, aujourd'hui, n'est pas la maîtrise, mais son contraire.

Un visionnaire influent, Kevin Kelly, a eu ce mot, qui résume l'affaire admirablement : « Il nous a fallu longtemps pour comprendre que la puissance d'une technique était proportionnelle à son incontrôlabilité

---

1. Paul Valéry, *Cahier B*, 1910 ; cité par Georges Canguilhem, « Machine et organisme » (1946-1947) ; repris in *La Connaissance de la vie, op. cit.*, p. 150.

[*out-of-controlness*] intrinsèque, à sa capacité à nous surprendre en engendrant du radicalement nouveau. En vérité, si nous n'éprouvons pas de l'inquiétude devant une technique, c'est qu'elle n'est pas assez révolutionnaire[1]. »

Il semble donc que Heidegger avait tout faux : le comble de la métaphysique occidentale n'est pas l'accomplissement du rêve cartésien (« se rendre comme maître et possesseur de la nature ») dans la technoscience ; ce n'est pas la maîtrise, mais le déclenchement de processus complexes qui échappent à notre maîtrise.

Depuis 2007, l'entreprise qui se donne pour ambition de « *making life from scratch* » (fabriquer de la vie *ex nihilo*) est désormais une discipline scientifique établie, au nom assez inoffensif : biologie synthétique. Les principaux chercheurs mondiaux du domaine se sont réunis en juin de l'année en question à l'université du Groenland pour lancer un appel au monde et annoncer la « convergence de la biologie synthétique et des nanotechnologies », à l'occasion d'un colloque faisant le point sur les avancées les plus récentes dans la fabrication de cellules artificielles. Leur appel ressemble à celui qui fut lancé en 1975, à Asilomar, sur la côte

---

1. Kevin Kelly, « Will Spiritual Robots Replace Humanity by 2100 ? », in *The Technium*, A Book in Progress, 2006, http://www.kk.org/thetechnium/. Ma traduction.

californienne, par les pionniers des biotechnologies. Comme ces derniers, les pionniers de la biologie synthétique insistent à la fois sur le caractère prodigieux des exploits qu'ils vont accomplir et sur les dangers qui pourront en découler. Ils invitent la société à se tenir prête et ils se donnent à eux-mêmes des règles de bonne conduite[1]. On sait ce qu'il advint de la charte concoctée à Asilomar. Quelques années plus tard, cette tentative de régulation de la science par elle-même volait en éclats. La dynamique technologique et l'avidité du marché ne pouvaient souffrir aucune limitation.

« *For the first time, God has competition* » (« Pour la première fois, Dieu a un rival »). C'est ainsi que le groupe ETC, un lobby environnementaliste basé à Ottawa, qui, après un combat assez victorieux contre les OGM végétaux, s'est spécialisé dans la lutte anti-nanotechnologies, a salué, pour mieux la critiquer, l'annonce d'un exploit technique réalisé par le J. Craig Venter Institute, dans le Maryland, et présenté comme une étape en direction de son but ultime, la création d'un organisme synthétique en laboratoire[2].

---

1. The Ilulissat Statement, Kavli Futures Symposium, « The Merging of Bio and Nano : Towards Cyborg Cells », 11-15 juin 2007, Ilulissat, Groenland.
2. Biotechnologiste doublé d'un homme d'affaires controversé, John Craig Venter est mondialement connu pour avoir été l'un des deux premiers scientifiques à séquencer le génome humain.

Mais la question se pose : s'agit-il vraiment ici de *création de la vie* ? Pour dire cela, il faudrait supposer qu'entre la non-vie et la vie, il y a une distinction absolue, un seuil critique : celui qui le franchirait se trouverait briser un tabou, à l'instar du prophète Jérémie ou du rabbin Löw de Prague dans la tradition juive, lorsqu'ils se risquent à créer un homme artificiel, un *golem*. Or certains thuriféraires de la science nous avertissent que ce qu'il y a de plus intéressant dans la biologie synthétique, c'est qu'elle démontre qu'il n'existe aucun seuil de ce type. Parmi eux, on trouve l'écrivain scientifique Philip Ball[1], qui déclare, citant les termes de Genèse 2,7, qu'entre la « poussière de la terre » et l'homme fini, il n'y a aucune brisure de continuité qui pourrait faire dire que Dieu y a « insufflé une âme de vie ». Le même auteur ajoute que, la biologie synthétique devrait-elle se révéler incapable de fabriquer une cellule artificielle, il lui resterait le mérite d'avoir privé la notion préscientifique de vie de toute consistance [3].

C'est ici que les nanotechnologies jouent un rôle symbolique important. On les définit souvent par

---

1. Voir Philip Ball, « Meanings of "Life" », Éditorial, *Nature*, vol. 447, 28 juin 2007, p. 1031-1032. Le sous-titre est « Synthetic Biology Provides a Welcome Antidote to Chronic Vitalism » (« La biologie synthétique nous apporte l'antidote souhaité au vitalisme persistant »).

l'échelle des phénomènes sur lesquels elles entendent exercer leur contrôle. Or cette échelle est caractérisée de façon très vague, puisqu'elle va du dixième de nanomètre[1] au dixième de micron. Mais dans toute cette gamme d'échelles, un trait commun subsiste : une distinction aussi essentielle que celle qui sépare la vie de la non-vie perd tout sens. Cela n'a aucun sens de dire que la molécule d'ADN (ou celle d'ARN) est vivante : le « message » génétique qu'elle comporte n'est exprimable que par le truchement du métabolisme de la cellule. Cela n'a aucun sens de dire que le virus SARS-CoV-2 est vivant. Il lui faut la vie déjà là pour qu'il devienne actif en la parasitant.

Ainsi, une fois de plus, la science oscille entre deux attitudes opposées : d'un côté, un orgueil démesuré, une gloriole parfois indécente ; de l'autre, lorsqu'il s'agit de faire taire les critiques, une humilité apparente qui consiste à nier que l'on ait fait quelque chose d'extraordinaire, quelque chose qui échappe au « *business as usual* » de la science normale.

Or cette fausse humilité me préoccupe. Car elle constitue en vérité le sommet de l'orgueil. Je suis plus à l'aise avec une science qui se prétend l'égale de Dieu

---

1. Le nanomètre est le milliardième de mètre ; le micron, le millionième.

qu'avec une science qui prive de toute substance l'une des distinctions les plus essentielles à l'humanité depuis qu'elle existe : la distinction entre la vie et ce qui n'est pas elle, ou, pour appeler les choses par leur nom, la distinction entre la vie et la mort.

Pour me faire comprendre, je n'hésite pas à recourir à une analogie qui pourrait se révéler plus profonde qu'il n'y paraît. Avec le terrorisme des attaques-suicides, la violence à l'échelle mondiale a pris un tour radicalement nouveau. Le persécuteur traditionnel exprimait à sa manière la priorité de la vie puisqu'il tuait pour affirmer et faire valoir sa forme de vie. Mais lorsque le persécuteur endosse les habits de la victime et se tue pour maximiser le nombre de tués autour de lui, toute distinction est perdue, toute dissuasion rendue impossible, tout contrôle de la violence promis à l'impuissance. À son tour, la science semble prête à nier cette différence première qu'est la vie. Si elle devait continuer sur ce chemin, elle se montrerait coupable d'une grande violence.

Parmi les promesses les plus extrêmes des nanotechnologies, on trouve l'immortalité. Si on considère qu'il n'y a pas de différence entre la vie et la mort, cette promesse n'a au fond rien d'extraordinaire. Hannah Arendt a très profondément anticipé ce que serait ce marché du diable en écrivant ceci :

Le plus grand et le plus atroce danger pour la pensée de l'homme consisterait en ce que ce qu'on a un jour pensé soit annulé par la découverte d'un fait quelconque qui était jusqu'à présent demeuré inconnu ; par exemple, il se pourrait qu'on parvienne un jour à faire en sorte que les hommes soient immortels, et tout ce qu'on a pensé concernant la mort et sa profondeur deviendrait alors tout simplement risible. Il serait possible de dire que ce prix est trop élevé en contrepartie de la suppression de la mort[1].

Ne demandez pas à un biologiste théoricien de pointe aujourd'hui : « Qu'est-ce que la vie ? » Il haussera les épaules et vous répondra : « C'est une question ridicule ! » [3] Il faut le répéter une fois de plus : nos intellectuels qui dénoncent l'« idolâtrie de la vie biologique » dont seraient coupables les autorités de santé et le pouvoir politique qu'elles auraient asservi gaspillent leurs munitions en tirant sur un corbillard.

1. Hannah Arendt, *Journal de pensée (1950-1973)*, *op. cit.*

9

La mort dans l'œil du cyclone

5 septembre 2020

Sous l'influence de plusieurs amis, biologistes éminents, j'ai trop longtemps dit et écrit, et par là même je me suis forcé à croire, que la mort était dans la vie, qu'elle faisait partie intégrante de la vie, qu'il n'y avait que du naturel dans la mort et donc aucune raison de la craindre. « Je me forçais », dis-je, c'est-à-dire que je pensais contre moi-même. L'arrêt du temps que la pandémie a causé m'a permis de me réconcilier avec ce qu'au fond j'ai toujours cru : la mort est au-delà de la vie, elle lui est radicalement extérieure, la vie ne peut l'atteindre, même lorsqu'elle semble en être tout proche. Et surtout, la mort ainsi conçue dans sa vérité crue est haïssable, c'est un passage, ou plutôt un saut dans l'abîme, qui ne peut que susciter l'épouvante[1].

1. Jacques Madaule, *Considération de la mort, op. cit.*, p. 104. Cité par Vladimir Jankélévitch, *La Mort, op. cit.*, p. 289.

Relire dans cette période où beaucoup de gens craignaient de mourir le terrifiant livre de Vladimir Jankélévitch intitulé tout simplement *La Mort*[1] m'a définitivement guéri de cette forme de philosophie qui, en guise d'analyse rigoureuse et impitoyable, a seulement à offrir des consolations et des leçons de sagesse [2]. Je conçois la philosophie, ainsi que la religion, comme étant précisément le contraire. Elles nous obligent à nous poser des questions vertigineuses que nous préférons habituellement mettre de côté en nous promettant, dans le meilleur des cas, d'y revenir – car, ces questions, elles nous habitaient lorsque nous étions enfants – quand le moment sera venu [1] ; de la même façon que ceux qui s'épuisent dans une vie de labeur rêvent de leur retraite pour enfin découvrir le monde. C'est généralement trop tard.

« Quand le moment sera venu » : qu'est-ce à dire exactement ? Y a-t-il un temps où l'on serait bien avisé de se préparer à mourir ? Au moment où nous prenons notre retraite ? Lorsque les tables de mortalité nous donnent encore cinq ans à vivre, ou bien dix ? Jankélévitch est on ne peut plus brutal : s'il vaut mieux être prêt à mourir au moment où l'on meurt, il est

---

1. *Op. cit.* À l'époque de la sortie du livre, je suivais le cours de Jankélévitch sur la mort à la Sorbonne et à la radio.

absurde de croire que l'on peut s'y préparer. La voix de la sagesse qui nous glisse à l'oreille qu'il est possible et bon d'apprendre à mourir nous trompe. Elle nous fait croire que l'on peut s'approcher de la mort jusqu'à l'atteindre à petits pas, de façon que le dernier, l'ultime, ne soit qu'un pas comme les autres, aussi banal que ceux qui le précèdent. C'est ainsi qu'on pourrait interpréter la maxime de Montaigne : « Tous les jours vont à la mort, le dernier y arrive[1] », en en faisant une tautologie, c'est-à-dire une proposition dont le contenu est vide. À la manière de Jankélévitch, je préfère la lire comme une *quasi*-tautologie, séparée de la tautologie pure, A est A, par un presque-rien ou un je-ne-sais-quoi. Ce qui sépare l'instant de la mort de tous les moments de la vie est à la fois infime et infini. Jankélévitch s'en explique dans une section de son livre dont le titre résume admirablement le contenu : « L'événement de la mort n'est pas un rien, mais un presque-rien[2] ». Il s'y oppose au modèle grec, mégarique, éléatique, pour lequel le passage de la vie à la mort n'est rien.

Non, ce n'est même pas l'affaire d'une fraction de seconde : ce n'est absolument rien, et vous ne vous apercevrez de rien ; vous ne pouvez pas craindre quelque

1. *Essais*, I, 19.
2. *La Mort, op. cit.*, p. 284.

chose qui n'est rien, ni appréhender ce qui n'existe pas, ni redouter ce qui n'est aucunement redoutable. Hélas ! pourquoi ces discours rassurants nous persuadent-ils si peu ? pourquoi ces consolations nous laissent-elles incrédules ?

Je ne me suis jamais senti consolé par cette philosophie du savoir-vivre et du savoir-mourir. C'est pourquoi j'ai profité du répit que me laissaient le confinement et le quasi-confinement qui l'a suivi pour relire plusieurs fois le texte à la fois complexe et lumineux que nous offre l'auteur de *La Mort*. J'en extrais le long passage suivant :

Car la vie ne devient pas graduellement une mort, pas plus que la mort ne naît peu à peu de la vie ni ne mûrit en elle. Et pourtant il meurt ! et pourtant Socrate finit par mourir…
Le régime de l'extinction graduelle, l'alternative tranchante de l'être et du non-être (d'abord l'un, et puis l'autre) nous promettaient, avec les douceurs de l'anesthésie, une mort vraiment euthanasique.
[Selon ce régime,] la mort est l'insécable section de l'Avant et de l'Après, l'intersection du Plein vital et du Vide létal : l'un cesse où l'autre commence (si l'on peut dire que le non-être commence !) ; la mort est la fin de la vie, et la fin de la vie est le commencement de la non-vie… ou, pour ceux qui y croient, de la

survie. Rien de plus. Or il manque quelque chose !
quelque chose qui n'est rien, et qui est donc presque
rien ; quelque chose d'insaisissable qui n'est rien, qui
est tout, qui est à la fois tout et rien. Entre le rien de
l'au-delà et le tout de l'en-deçà [...], le presque-rien
n'est-il pas ce qui nous occupe ici ? Ce presque-rien
est l'Instant, c'est-à-dire le fait même du passage et
l'événement de ce passage. [...]
[Selon le modèle grec,] la cessation de l'être n'est
absolument rien. Et nous disons, nous, qu'elle est un
Presque-rien, étant entendu que par la grâce de ce
Presque il y a un monde et une distance infiniment
infinie entre l'Instant et rien. L'instant, qui n'est pas
une chose ni un intervalle, si bref soit cet intervalle
(car il ne dure ni peu ni prou), peut être considéré
pourtant comme un intervalle infinitésimal. La cessation n'est pas pure négativité, mais elle est elle-même
un événement.
[...] si la force d'âme et la patience peuvent suffire
pour endurer, dans l'intervalle, la continuation de la
douleur, le courage est nécessaire, sur le seuil du rien,
pour affronter la liminarité de l'instant. Il faut de la
patience pour souffrir et du courage pour mourir.

« Le soleil ni la mort ne se peuvent regarder fixe-
ment[1] » et l'on ne peut parler de la mort que par méta-

---

1. François de La Rochefoucauld, *Réflexions ou sentences et maximes morales*, Paris, 1665, XXVI.

phores. Il se trouve que, si paradoxale qu'elle puisse paraître, la configuration que Jankélévitch s'efforce d'appréhender ici, celle de la coïncidence entre une proximité infinitésimale et un éloignement infini, est bien connue dans plusieurs domaines de la pensée, qu'il s'agisse des mathématiques, de la physique ou de la philosophie politique. Je vais considérer tour à tour trois exemples empruntés à ces disciplines.

La diagonale du carré, cet au-delà inaccessible

Imaginez un carré et prenez la longueur de son côté pour unité de distance. Vous vous trouvez au sommet nord-ouest (NO) et vous voulez rejoindre le sommet sud-est (SE). Le chemin le plus court est le segment de droite qui relie NO à SE : la diagonale. Théorème de Pythagore oblige, sa longueur est la racine carrée de 2, un nombre « irrationnel », en ce qu'il ne peut se mettre sous la forme d'une fraction. Il nécessite, pour être écrit en écriture décimale, une infinité de chiffres après la virgule : 1,414213562373...

Supposez que la diagonale vous soit interdite : vous ne pouvez vous déplacer que verticalement et horizontalement. Il semble que cette contrainte va vous obliger à un détour considérable. Une première possibilité est que vous vous déplaciez vers l'est, de NO au sommet nord-est (NE), puis vers le sud, de NE à SE. Vous aurez parcouru une distance égale à 1 + 1 = 2, soit presque la moitié plus que la longueur de la diagonale. Vous vous dites que vous pouvez sûrement faire mieux en vous rapprochant de la diagonale. Allant de NO vers NE, vous vous arrêtez à mi-chemin et plongez de là vers le sud jusqu'à atteindre la diagonale ; puis, vous vous dirigez de nouveau vers le côté est, et, l'ayant atteint, vous plongez sur SE, votre destination finale. Vous aurez ainsi parcouru quatre segments de longueur 1/2 chacun, ce qui fait une longueur totale de 2. Vous n'avez fait aucun progrès ! Furieux, vous découpez chacun de vos segments précédents en deux, selon le même procédé : votre trajectoire en forme d'escalier se sera rapprochée de la diagonale, certes, chaque hauteur et chaque largeur de palier étant égale maintenant à un quart. Mais comme vous en aurez huit, vous aurez encore parcouru au total une distance égale à 2.

Vous commencez à saisir l'épouvantable vérité : en prenant des paliers aussi minuscules que vous voulez, vous vous rapprocherez infiniment de la diagonale, mais la longueur totale de votre escalier restera imperturbablement égale à 2 : vous n'obtiendrez pas la distance rêvée, racine carrée de 2, qui reste à jamais inaccessible.

La vérité de ce qui précède peut paraître triviale, mais en prendre conscience fut un véritable scandale pour la pensée continuiste. Vos escaliers *tendent vers* la diagonale, ils la cernent d'aussi près que vous le voulez, et cependant leur longueur, elle, restant obstinément fixée à 2, ne tend pas vers la longueur de la diagonale. La longueur de la limite n'est pas la limite de la longueur.

La diagonale inaccessible est évidemment une métaphore. On peut l'approcher jusqu'à la toucher presque partout, la serrer d'aussi près qu'on le désire, elle ne nous donnera jamais sa propriété essentielle, qui est d'être le chemin le plus court. Le nombre de points de contact de l'escalier avec la diagonale aura beau être aussi astronomiquement grand que vous le décidez, il sera toujours fini, et c'est cela qui est fatal : il n'y a pas d'approximation finie de la diagonale. Ou on l'a déjà conquise, ou elle se tient irrémédiablement à distance.

Les mathématiciens parlent ici d'une discontinuité à l'infini. Entre l'infini potentiel – un, deux, trois, etc. – et l'infini « actuel » (c'est-à-dire déjà réalisé, déjà accompli), il y a un abîme[1].

---

1. On me pardonnera d'évoquer un souvenir toujours brûlant. L'été 1960, je passai l'oral du concours d'entrée à l'École normale supérieure en section mathématiques et je fus interrogé, cuisiné devrais-je dire, par l'un des plus grands géomètres analytiques de l'époque. Le sujet, alors

Dans un monde seulement soumis aux lois pures de la physique, la vie n'aurait pu naître

Prolongeons le détour en faisant une brève incursion dans le monde matériel, le monde physique. Les discontinuités à l'infini n'y sont pas rares, elles sont presque la règle.

Au niveau de la mer, sous la pression d'une atmosphère, l'eau bout à cent degrés : c'est une loi de la nature. On pourra répéter l'expérience consistant à chauffer de l'eau dans une casserole autant de fois qu'on le voudra, l'eau se mettra toujours à bouillir à cent degrés. Au sommet du mont Blanc, sous une pression moindre, c'est certes à une température légèrement inférieure que l'eau bout : cependant, la relation entre la température d'ébullition et la pression est elle-même une loi de la nature.

Mais qu'est-ce que l'ébullition ? C'est ce que les physiciens nomment une transition de phase : la matière y change brusquement d'état, passant en l'occurrence

---

inconnu de moi, était celui des propriétés d'une classe de fonctions continues presque partout non différentiables, connues plus familièrement sous le nom de « courbes en escalier ». C'est ainsi que je me familiarisai avec le paradoxe de la diagonale du carré. C'est probablement ainsi que je fus admis à l'École, pour avoir tenu tête à mon inquisiteur. Je commis l'erreur de choisir de ne pas y entrer.

de l'état liquide à l'état gazeux. Lors de cette discontinuité radicale – une « catastrophe », disent les mathématiciens –, les bulles qui se forment au voisinage des
impuretés du liquide et de son contenant (la casserole),
et qui ne sont au départ que de minuscules fluctua-
tions de la matière, montent à la surface et mêlent la
vapeur qu'elles enserrent à l'air ambiant. Mais que se
passerait-il si – cas idéal qui ne se produit jamais –
aucune impureté n'était présente ? Le processus de
vaporisation ne « saurait » en quel point commencer et
l'ébullition ne se produirait pas. Si le système physique
est soumis à cette forme du destin que nous nommons
les lois de la nature, c'est donc – ô paradoxe ! – par le
truchement de ce qui se présente comme le contraire
du destin : l'accident, l'impureté, l'imperfection. L'état
« parfait » du système n'est pas la limite de l'état impar-
fait lorsque l'imperfection tend vers zéro.

C'est grâce à la gravitation, croyons-nous, que le
monde quotidien est tel que nous le connaissons, et
non tel qu'on le voit à l'intérieur d'une capsule spatiale en apesanteur : c'est grâce à leur poids que les
quadrupèdes et les bipèdes comme nous s'y tiennent
debout, les objets restent sur les tables, les immeubles
s'élèvent vers le ciel, etc. Mais supposons que tous ces
corps solides aient une élasticité infinie, ou, ce qui
revient au même, qu'aucune friction ne vienne dissiper

leur énergie de mouvement (dite cinétique) lorsqu'ils tombent et touchent le sol : ils rebondiraient jusqu'à la hauteur depuis laquelle ils sont tombés, pour retomber encore, et ceci indéfiniment ; il n'y aurait que des mouvements pendulaires verticaux dont l'amplitude dépendrait des positions initiales, parfaitement contingentes, des corps solides qui composent le monde, nous compris. Dans un tel univers, il nous serait impossible de nous repérer, précisément parce que la mémoire de faits arbitraires serait conservée indéfiniment. Ce monde manquerait d'« attracteurs », pour utiliser le jargon de la théorie des systèmes dynamiques [8], c'est-à-dire d'états stables vers lesquels tendent les trajectoires quel que soit leur point de départ. Dans notre univers quotidien, il est heureux que les pendules verticaux finissent par s'immobiliser, les ballons cessent de rouler, et que nous puissions nous tenir les pieds au sol sans craindre de rebondir à des hauteurs diverses, ce qui est gênant lorsqu'il s'agit de se parler ou de s'embrasser.

Or ce n'est pas la pesanteur qui permet cela, mais son contraire en quelque sorte, son empêcheur de rebondir en rond : la friction. Entre un monde sans friction, donc sans attracteurs, et un monde avec friction, fût-elle aussi faible que l'on veut, de nouveau un abîme, une discontinuité radicale.

L'œil du cyclone, ou l'utopie tragique

Bien des utopies sociales ou politiques sont comme la diagonale du carré : il faut qu'elles soient déjà réalisées pour qu'elles puissent l'être. On ne s'en approchera jamais par un chemin continu. Il faut rendre justice à Jean-Jacques Rousseau de l'avoir reconnu, lui qui écrivait au sujet de sa bonne société du *Contrat social* : « Il faudrait que l'effet pût devenir la cause, que l'esprit social, qui doit être l'ouvrage de l'institution, présidât à l'institution même ; et que les hommes fussent avant les lois ce qu'ils doivent devenir par elles » (*Du contrat social*, II, 7).

Cette figure de la discontinuité à l'infini est donc commune non seulement aux mathématiques et à la physique, mais aussi à nombre de constructions théoriques par lesquelles les hommes se convainquent qu'un autre monde est possible. Pour atteindre cet autre monde, elles ne prescrivent malheureusement aucune autre méthode que celle qui consiste à sauter dedans à pieds joints, en prenant bien soin de ne pas tomber à côté.

En matière d'affaires humaines, l'alpha et l'oméga bien souvent coïncident, l'utopie promise reproduisant par d'autres moyens une origine postulée, un âge d'or qui, peut-être, n'a jamais existé, mais qui pourrait exister dans un avenir indéterminé. C'est clairement le cas chez Rousseau, lequel, suivant le modèle de la Bible, du paradis perdu à la rédemption christique, voit dans le contrat social le moyen artificiel de retrouver une propriété essentielle du « premier état de nature », un état hypothétique dans lequel les hommes ne connaissaient pas ce mal radical qu'est l'« amour-propre ».

Une autre métaphore que la diagonale du carré ici s'impose, et c'est celle de l'œil du cyclone. Un cyclone stylisé est une spirale qui s'enroule autour de son centre[1]. Ce centre, ledit « œil », peut être vu, au choix, comme l'alpha ou l'oméga de la spirale. C'est, au sens mathématique, une « singularité » de la figure, qui l'organise tout en lui restant extérieure, puisque jamais la spirale n'atteint son centre, même si elle s'en rapproche indéfiniment. Introduisons de la dynamique dans cette figure statique. L'œil est dans un repos parfait[2]. Plus, cependant, on s'en rapproche en suivant la

1. Je considère le cas d'une spirale avec point asymptote, comme la spirale logarithmique et la spirale hyperbolique. La spirale d'Archimède, elle, *part* de son centre, qui est son origine.
2. La métaphore de l'œil du cyclone est de plus en plus souvent utilisée à contresens : on voit dans l'œil le lieu où la violence tourbillonnaire est la plus forte. C'est le signe que la pensée continuiste est presque irrésistible. L'intuition répugne aux discontinuités, surtout si elles se situent à l'origine ou à l'infini.

ligne tourbillonnaire de la spirale, plus violemment l'on tournoie, plus il apparaît qu'il est impossible de jamais le rejoindre. Il faudrait, pour y réussir, ou s'y trouver déjà, ou bien s'y rendre par un chemin orthogonal au plan de la spirale. Mais attention alors à ne pas manquer sa cible : près, tout près de la paix espérée, on trouve la violence la plus déchaînée.

La clé de voûte de l'utopie politique de Rousseau est le concept évanescent de la « volonté générale ». Dans la bonne société organisée par le contrat social, celle-ci est aux volontés particulières ce que l'amour de soi est à l'amour-propre. Ces deux concepts, bien qu'infiniment proches, ne serait-ce que linguistiquement[1], sont chez Rousseau le contraire l'un de l'autre. L'amour de soi ferme chaque individu sur lui-même, chacun étant pour lui-même « le seul spectateur qui l'observe ». L'amour-propre, au contraire, nous place sous le regard des autres, et c'est à travers les yeux d'autrui que nous nous voyons nous-mêmes. Nous

---

1. Il est impossible, sauf par de vaines acrobaties, de traduire Rousseau en anglais. Il y a une seule façon d'y dire tant l'amour-propre que l'amour de soi : *self-love*. La comparaison entre Adam Smith et Rousseau, si riche d'intérêt, à laquelle je me suis attelé dans divers écrits, peut difficilement se faire dans la langue du premier. Voir Jean-Pierre Dupuy, *Introduction aux sciences sociales*, Paris, Ellipses, 1992 ; et « Invidious Sympathy in *The Theory of Moral Sentiments* », *The Adam Smith Review*, vol. II, 2006, p. 96-121.

sommes constamment pris dans la « comparaison ». Or, nous dit Rousseau, « Quand [...] les hommes commencent à jeter les yeux sur leurs semblables [...] leurs intérêts se croisent [...] l'amour de soi mis en fermentation devient amour-propre[1] ». Comment mieux dire que l'amour de soi est éminemment instable, puisqu'il est bien difficile en société de ne pas rencontrer le regard d'autrui ? Entre l'amour de soi et l'amour-propre, la distance est infime, puisque le premier tend toujours à basculer dans le second, bien qu'elle soit dans ses effets maximale, puisque c'est celle qui sépare le bien du mal[2]. On pourrait faire la même analyse au sujet de la volonté générale et des volontés particulières[3].

1. Lettre à Christophe de Beaumont, Archevêque de Paris, mars 1763, Amsterdam.
2. Voir le beau texte de Lucien Scubla, « Est-il possible de mettre la loi au-dessus de l'homme ? Sur la philosophie politique de Jean-Jacques Rousseau », in Jean-Pierre Dupuy, *Introduction aux sciences sociales*, *op. cit.*
3. À relire l'essentiel des théories sociales, morales et politiques, il semble qu'il ne puisse y avoir de système qu'enroulé autour d'une singularité qui lui échappe, comme un cyclone autour de son œil. On peut résumer une bonne partie de mes recherches en philosophie sociale, morale et politique en les présentant comme autant de déconstructions de ces figures, qui sont trop paradoxalement parfaites pour être parfaitement honnêtes. Le pouvoir hobbesien, le leader de la foule selon Freud, la monnaie selon Marx, la démocratie rousseauiste, la justice rawlsienne, la société communiste sans classes, l'équilibre économique walrasien, la paix nucléaire, l'autonomie selon Illich ou Castoriadis, le Royaume promis par les Évangiles : autant de diagonales de carré ou d'œils-de-cyclone que

La solution qu'offre Rousseau à la présence dans la société du mal qu'est l'amour-propre est une lobotomie politique : on l'éradique en transformant l'homme en citoyen. Une solution proprement totalitaire que Rousseau lui-même dira infaisable à la fin de sa vie pour lui préférer la tyrannie du Léviathan[1].

L'amour à mort

Le tourbillon de la vie, qui est l'opposé du repos éternel de la mort, en est infiniment proche tout en en étant infiniment éloigné. Ces deux infinis sont séparés comme le potentiel l'est de l'actuel.

Le non-être n'est pas approchable par l'être, l'approximation fût-elle infiniment proche du non-être. L'être est cette approximation.

Dans l'opéra de Wagner, de l'« accord de Tristan » du prélude à la mort d'Isolde, il y a quatre heures d'attente d'une résolution qui ne vient jamais, un suspense insoutenable accompagnant le tragique d'un amour impossible. Le dernier accord

---

l'on ne peut rejoindre que par un saut quantique, une plongée confiante dans l'espérance, qui peut se révéler une plongée dans l'abîme.
1. Lettre au Marquis de Mirabeau, 26 juillet 1767.

est l'accord parfait, qui scelle à jamais l'accomplissement de l'amour dans la nuit éternelle de la mort – la *Liebestod*.

Mais cet amour, purifié de tout ce qui fait partie intégrante de l'amour, la passion, la souffrance, la traîtrise, l'envie et la jalousie, n'est pas plus l'amour que la démocratie selon Rousseau n'est la démocratie. La vie n'est pas la vie imparfaite lorsque son imperfection s'annule. Cela, c'est la mort. Non, la vie, c'est cette imperfection même.

10

Le prix de la vie

8 septembre 2020

Les intellectuels qui trouvent qu'on en fait trop pour stopper la pandémie de Covid-19 et que cette agitation procède de ce qu'ils appellent l'idolâtrie ou la sacralisation de la vie « nue » seraient bien avisés de se rendre compte que lorsqu'il s'agit de remettre cette vie prétendument primitive à sa place, ils sont battus à plates coutures par deux éléments importants de la culture contemporaine : la biologie et l'économie. La biologie théorique déclare tout net que la question de la nature de la vie est une question ridicule. J'en ai traité plus haut [8]. C'est, pour sa part, en donnant un prix à la vie que le calcul économique la rabaisse au statut de vulgaire marchandise [4].

Cette pratique n'est pas nouvelle puisqu'elle date du début des années 1960. Lorsque la France planifiait son économie pour les cinq ans à venir – le « Plan » auquel le gouvernement actuel entend revenir –, les économistes d'État, une spécialité bien française, avaient importé des États-Unis d'Amérique une méthodologie d'évaluation des décisions publiques née pendant la Seconde Guerre mondiale et nommée en français « Rationalisation des choix budgétaires » (RCB)[1]. C'est dans ce cadre qu'il parut conforme à la rationalité économique de donner une valeur monétaire à des biens non marchands, comme le temps et la vie humaine. Le développement du réseau autoroutier français, qui démarra dans ces mêmes années 1960, reposa sur des calculs qui prenaient en compte le temps que des vitesses plus élevées permettraient de « gagner » et le nombre estimé de morts accidentelles que ces mêmes vitesses sur des parcours plus rectilignes causeraient en plus ou en moins. Puisqu'il fallait comparer ces gains et ces pertes au coût des investissements en infrastructures et aux dépenses d'entretien, il semblait naturel de tout convertir en évaluations monétaires. Il y avait cependant des considérations théoriques qui justifiaient cette méthode, et ce sont uniquement celles-là qui m'intéressent ici[2].

1. En anglais, *Planning, Programming, Budgeting Systems* (PPBS). Cette méthode fut d'abord introduite au département de la Défense des États-Unis, en 1961, par Robert McNamara. Les principaux concepts sur lesquels elle repose avaient été élaborés à la Rand Corporation pendant la Seconde Guerre mondiale.
2. La valorisation monétaire du temps demanderait à elle seule de longs développements qui ne sont pas de mise ici. J'y consacrai jadis une

Pourquoi la vie humaine est censée avoir un prix

Supposons que nous disposions d'un budget de dix millions d'euros et que nous devions le répartir entre deux types d'actions dont le but est de sauver des vies humaines – disons la recherche médicale sur le cancer et l'aménagement des points noirs sur les routes de France. Supposons également que le rendement des moyens financiers dans chacun de ces deux domaines soit décroissant : plus les moyens qu'on a déjà affectés à un domaine sont importants, plus le coût d'une vie humaine supplémentaire[1] sauvée est élevé. Supposons enfin que l'objectif de l'allocation des ressources soit de maximiser le nombre de vies sauvées. Dans ces conditions, les mathématiques élémentaires suffisent à montrer que lorsque cette maximisation est atteinte, le coût de la vie humaine que l'on a renoncé à sauver en limitant le budget alloué est le même dans les deux domaines. En irait-il différemment et ce coût serait-il, par exemple, supérieur dans le domaine de la santé à

monographie : *Valeur sociale et encombrement du temps*, Paris, Éditions du CNRS, coll. « Monographie du séminaire d'économétrie », 1975 (préface de Jean Ullmo).
1. Le terme utilisé par les économistes est celui de « coût marginal ».

ce qu'il est dans le domaine de la sécurité, un trans-
fert de ressources du premier domaine vers le second
accroîtrait le nombre total de vies humaines sauvées.
C'est ce coût identique que l'on convient d'appeler
« valeur de la vie humaine ». Cette valeur exprime deux
choses au moins : premièrement, que la vie a un prix
– comprendre un prix *fini* – en ce que l'on renonce
dans les faits à sauver des vies humaines, domaine par
domaine, tout simplement parce que les ressources
sont finies ; deuxièmement, que la valeur finie que l'on
accorde ainsi à la vie humaine exprime une condition
de cohérence de l'allocation des ressources entre les
divers domaines où l'on envisage d'agir.

Dans tout ce qui précède, il faut comprendre ceci :
les vies humaines que l'on additionne comme on le
ferait de tomates ou de poireaux sont en général, mais
pas toujours, des vies statistiques. Qu'observe-t-on dans
la réalité ? En premier lieu, mais ce ne devrait pas être
une surprise, que l'on renonce en effet, dans chaque
secteur où l'on peut agir, à sauver des vies supplé-
mentaires. Ici, on limite l'acharnement thérapeutique
pour se restreindre à des soins palliatifs ; là, on se passe
d'équipements de sécurité antiterroriste qui seraient
disponibles mais coûtent horriblement cher. Il arrive
un moment où l'on cesse la recherche de survivants
éventuels dans les décombres d'une ville sinistrée par

un tremblement de terre ; ailleurs, l'aide au tiers-monde néglige les moyens de lutte contre la malaria, pourtant relativement peu coûteux.

La seconde observation est que la condition d'allocation optimale des ressources, qui est le soubassement du concept de valeur de la vie humaine, est massivement violée. Les écarts entre les valeurs implicites de la vie humaine selon les secteurs sont tout simplement gigantesques. Les ratios peuvent aller de 1 à 10 000. Serait-ce que la réalité est complètement irrationnelle ? Ne serait-ce pas plutôt que les concepts par lesquels on l'appréhende sont inadéquats ?

Cependant, les économistes « normatifs », qui se prétendent capables d'offrir une alternative rationnelle à la philosophie morale, s'intéressent moins à la réalité empirique qu'à la cohérence de leur démarche *a priori*. Ils fondent leur évaluation de la vie humaine sur ce qu'ils appellent le « consentement à payer » : dites-moi ce que vous seriez prêt à payer pour avoir votre vie prolongée d'une année et je vous dirai ce qu'elle vaut. Dans l'esprit de l'économisme le plus caricatural, cela les amène parfois à mesurer la valeur d'une vie par celle de la production de biens et services marchands dont la personne est capable. La vie d'un Américain vaut dans ces conditions cent fois celle d'un Bengali. Dans l'un de ses premiers rapports, le Groupe intergouvernemental sur l'étude du climat (GIEC) s'est astreint à évaluer, monétairement cela s'entend, les conséquences attendues du changement climatique. Les dommages causés par la fréquence et la violence accrues des cyclones dans le golfe du Mexique ont été mis dans le même pot commun que la disparition d'une grande partie du Bengladesh sous la montée des eaux. Lorsqu'il s'est agi d'évaluer les pertes humaines, la valorisation s'est faite selon le critère du PIB par habitant. Devant la menace de démission des représentants des pays les plus pauvres de la planète, le GIEC a piteusement remisé ses calculs dans des tiroirs, où ils se trouvent probablement encore.

En France, la valeur de la vie humaine est décidée de façon plus ou moins arbitraire – elle est fixée aujourd'hui à trois millions d'euros [4] – et ne sert que dans les calculs d'économie publique pour apprécier, par exemple, la rentabilité d'une nouvelle infrastructure. Tout se passe comme si on avait renoncé à en faire un outil de coordination entre les agents, privés comme publics, afin de maximiser le nombre de vies sauvées à l'échelle de la nation à ressources données. C'est l'aveu, jamais explicité, que cet objectif est privé de sens et n'est recherché par personne, pas même par l'État.

Des jeeps et des êtres humains

Lorsque j'étais étudiant à l'École polytechnique – dont on sait que Napoléon en a fait une école militaire, statut qui, de façon tout à fait anachronique, est encore le sien aujourd'hui –, je fus amené à rédiger un mémoire dont l'objet était la gestion optimale du parc de jeeps de l'armée française. C'était la grande époque de ce qu'on appelait la « recherche opérationnelle », elle aussi une invention américaine contemporaine de la Seconde Guerre mondiale et qui consistait à appliquer des mathématiques plutôt élémentaires à des problèmes de gestion et d'organisation. Je crois ne pas m'être trompé dans mes conclusions. Sur la base des conditions spécifiques du problème, je démontrai qu'il existait un âge limite au-delà duquel il fallait mettre les vieilles jeeps au rebut et les remplacer par des jeeps neuves. Mes recommandations étaient plus affinées que cela puisqu'elles incluaient une courbe décrivant comment les efforts d'entretien devaient évoluer avec l'âge de la jeep. Plus on se rapprochait de la fin programmée, moins il valait la peine de réparer des pannes graves et plus il convenait d'anticiper la mise au rebut.

Je laisse au lecteur le soin d'imaginer ce qu'une telle logique économique produirait comme réactions horrifiées si elle s'appliquait à un parc de vies humaines. On renoncerait à soigner les malades au-delà d'un certain âge, on laisserait les agonisants à leur sort. Je sais bien que Nietzsche a cru pouvoir proposer dans le *Crépuscule des idoles* une « morale pour les médecins » qui préconise exactement ce type de politique, mais il était alors lui-même au seuil de la folie : « Le malade est un parasite de la société, n'hésita-t-il pas à écrire. Arrivé à un certain état, il est indécent de vivre plus longtemps. L'obstination à végéter lâchement, esclave des médecins et des pratiques médicales après que l'on a perdu le sens de la vie, le *droit* à la vie, devrait entraîner de la part de la société un profond mépris. Les médecins, de leur côté, seraient chargés d'être les intermédiaires de ce mépris – ils ne feraient plus d'ordonnances, mais apporteraient chaque jour à leurs malades une nouvelle dose de dégoût... » Or, qu'on réfléchisse à ceci : les conditions qui font que l'on puisse vouloir au nom de la rationalité égaliser les valeurs de la vie humaine dans tous les domaines où l'on intervient pour en sauver sont celles-là mêmes qui conduisent à ne pas faire de différence entre les jeeps et les humains. La vie statistique que l'on sauve est aussi peu humaine que l'est un engin mécanique à moteur. Elle n'a pas d'identité, pas de nom, pas d'âge, pas de sexe. C'est ce qui fait qu'elle est substituable à n'importe quelle autre vie statistique.

Elle est doublement *absente* du monde des hommes, pour être statistique d'abord – on n'a jamais vu un « homme moyen[1] » –, mais surtout parce que son mode d'être est celui de la virtualité. Le terme technique que je devrais ici employer est celui de *contrefactualité*. Que se serait-il passé si l'on avait *renoncé* à agir comme on l'a fait pour prévenir des maladies ou des accidents mortels ? Des personnes seraient mortes, à l'identité bien définie. Mais si l'on agit, qui peut nommer les personnes qui seraient mortes si l'on n'avait pas agi [5] ?

La qualité d'être une vie statistique est en fait susceptible de plus ou de moins. Tout dépend de l'échantillon et en particulier de sa taille. C'est ainsi que l'on peut en partie expliquer les différences considérables que l'on observe dans la valeur implicite de la vie humaine selon les secteurs. Il en va de même du caractère virtuel des vies sauvées dû à leur *contrefactualité*. La dissolution de l'identité dans le calcul de maximisation est plus ou moins accentuée selon les circonstances.

Les trente-trois mineurs chiliens qui furent bloqués pendant plus de deux mois durant l'été 2010 au fin fond d'une mine du désert d'Atacama se consolaient peut-être en observant qu'on accordait à leur vie une

---

1. Au sens d'Adolphe Quetelet (1796-1874), fondateur de la « statistique morale ».

valeur considérablement supérieure à celle qui leur était implicitement attribuée alors qu'ils n'étaient encore que des numéros dans la masse indifférenciée des mineurs chiliens. Mais pour le monde entier qui compatissait à leurs affres et sans doute aussi pour le gouvernement chilien qui jouait là sa crédibilité, leurs identités indivi-duelles se confondaient dans celle du groupe restreint qu'ensemble ils constituaient. On peut conjecturer que si 90 % d'entre eux avaient été sauvés, le monde et le gouvernement auraient jugé que l'on avait fait ce qu'il convenait de faire étant donné les circonstances. Les familles des trois mineurs condamnés en auraient sans doute jugé différemment.

La dissolution statistique de l'identité personnelle prend une autre forme dans le cas des actions de pré-vention – on dirait aujourd'hui de « précaution ». Ce n'est plus seulement le caractère contrefactuel des vies sauvées qui l'explique, c'est l'indétermination de l'avenir. Cependant, ici aussi, on est dans le plus ou le moins, et c'est cette gradation qui explique, sinon justifie, les écarts énormes que l'on observe entre les valeurs implicites de la vie humaine selon les secteurs. Considérez les politiques de prévention des accidents de transport. Si l'ensemble des accidents de la route fait chaque année un nombre de victimes considérablement supérieur à celui des accidents d'avion, les circonstances de *chaque* accident de la route comparées aux circonstances de *chaque* accident d'avion donnent un « poids moral », si l'on me pardonne l'expression, à la vie statistique que l'on a renoncé à sauver bien supérieur dans le second cas – celui des accidents d'avion – à ce qu'il est dans le premier cas – celui des accidents de la route. On meurt dans sa voiture seul ou à quelques-uns. Le crash du vol AF 447 qui reliait Rio de Janeiro à Paris le 1er juin 2009 a fait d'un coup 228 victimes [1]. Il ne faut pas s'étonner que la valeur implicite de la vie humaine soit considérablement supérieure en avion qu'en voiture.

On voit donc qu'on peut trouver des explications, sinon des justifications, aux différences énormes constatées dans les valeurs implicites de la vie humaine selon les secteurs. S'en offusquer au nom de la rationalité, c'est comme si, je le répète, on ne faisait pas de différence entre un être humain et une jeep de l'armée française.

On trouve parfois, dans la littérature sur le sujet, une distinction entre la mort à la troisième personne – « sa mort » – et la mort à la deuxième personne – « ta mort ». On ajoute que le médecin est, par rapport à son patient, dans cette seconde situation, ce qui justifierait que, pour la médecine, la vie humaine, comme on dit, « n'ait pas de prix » – comprendre que sa valeur est sans borne supérieure. Ce qui précède montre que cette distinction est trop tranchée et qu'il convient d'analyser toute une gradation de situations intermédiaires[1].

Sous prétexte d'introduire de la cohérence dans les choix publics, l'économisme qui prévaut dans les plus hautes sphères de l'État aplanit tout ce qui fait la richesse et la complexité d'une existence humaine.

1. J'ai eu à étudier un cas extrême de dissolution de l'identité personnelle dans la statistique, aboutissant à une valorisation *nulle* de la vie humaine : celui des morts de Tchernobyl. Jamais un événement historique n'a fait l'objet d'évaluations aussi contrastées. Entre le chiffre officiel de quelques dizaines de décès et celui que l'on avance parfois, dans la zone contaminée où vivent quelque dix millions de personnes, de centaines de milliers, le rapport est de 1 pour 10 000. Il me paraît difficile d'expliquer cette divergence abyssale par la malhonnêteté des uns et le ressentiment des autres. La question est en vérité philosophique. Il existe des actions ou des faits qui ont une probabilité extrêmement faible de produire un effet considérable. Parce qu'elles sont insignifiantes, un calcul moral devrait-il tenir ces probabilités pour nulles ? Il existe des actions ou des faits qui produisent des effets imperceptibles mais qui touchent un très grand nombre de personnes. Parce que ces effets sont imperceptibles, devrait-on les passer par pertes et profits ? Lorsque les doses radioactives sont très étalées dans le temps et distribuées sur une vaste population, il est impossible de dire d'une quelconque personne désignée qui meurt d'un cancer ou d'une leucémie qu'elle est morte du fait de Tchernobyl. Tout ce que l'on peut dire, c'est que la probabilité qu'elle avait *a priori* de mourir d'un cancer ou d'une leucémie a été très légèrement accrue du fait de Tchernobyl. Les quelques dizaines de milliers de morts qu'aura causées, selon moi, la catastrophe nucléaire ne peuvent donc être *nommées*. La thèse officielle consiste à en conclure qu'elles n'existent pas. Voir mon *Retour de Tchernobyl. Journal d'un homme en colère*, Paris, Seuil, 2006.

La mort dans les petits mondes
11 septembre 2020

Des points de basculement

De sa naissance causée par la fonte d'un glacier et son enfance nourrie par des centaines de torrents de montagne, jusque dans les aises qu'il prend en se déployant en un delta à deux bras lorsqu'il rejoint les eaux de la Méditerranée, en passant par la traversée souterraine du lac Léman et en se jouant des obstacles que les hommes et la nature ont mis sur son chemin, barrages et autres retenues, le fleuve Rhône, vu à travers le prisme de cette science qu'on appelle l'hydrodynamique, obéit de part en part aux mêmes lois. Sa « phénoménologie » – la manière dont il apparaît à nos yeux, tantôt tourbillonnaire, parfois invisible, souvent long fleuve tranquille – varie du tout au tout, mais, vu comme le système complexe qu'il est, il est un et unique.

La théorie des systèmes complexes appelle « comportements propres[1] » ces régimes d'écoulement plus ou moins stables qui se forment comme autant de solutions au système d'équations par lequel on modélise la dynamique du fleuve. Ce système inclut des paramètres qui représentent l'influence des données extérieures (par exemple, le régime des pluies, la canalisation d'un parcours, etc.). Quand ces paramètres dépassent certaines valeurs, le comportement propre du système-fleuve peut changer brusquement. On nomme ces valeurs critiques « points de basculement » (*tipping points* en anglais). En un point de basculement, une évolution continue – celle de tel ou tel paramètre – cause une discontinuité dans le comportement du système. Les points de basculement sont partout, dans la nature, la vie, la technique ou la société. On devrait dire en fait : dans les modèles qui représentent les phénomènes relevant de ces domaines.

La dynamique de circulation d'un virus comme le SARS-CoV-2 n'échappe pas à la règle. On l'a dit et répété : le paramètre clé est ici le taux de reproduction,

---

1. Traduction de l'anglo-germanique *Eigenbehavior*. Cet étrange mot, formé de l'allemand *Eigen*, qui signifie « propre », et de l'anglais *behavior*, qui veut dire « comportement », trouve son origine dans l'émigration aux États-Unis des savants allemands qui portaient ce concept, particulièrement en mécanique quantique.

symbolisé par le symbole R, c'est-à-dire le nombre moyen de personnes qu'un individu contaminé va contaminer à son tour, dans une population qui comprend à la fois des individus qui sont immunisés et d'autres qui ne le sont pas. Si R est supérieur à 1, on a affaire à une réaction en chaîne, comme dans une pile nucléaire, et l'épidémie explose exponentiellement. Si R est inférieur à 1, elle s'éteint, non moins exponentiellement[1]. Lorsque R croît à partir d'une valeur inférieure à 1 et dépasse cette valeur critique, on a un basculement, et l'épidémie devient en principe incontrôlable. C'est ce qui s'est passé en France entre la date du déconfinement et le début septembre 2020. Avec le confinement, le pays avait réussi à faire baisser R à

---

1. L'adjectif « exponentiel » est par temps de pandémie mis à toutes les sauces et il en est venu à signifier quelque chose comme grand ou important. Qu'il puisse y avoir des exponentielles décroissantes devient dès lors incompréhensible. Mais ce prédicat, comme expliqué en [2], ne s'applique qu'à des fonctions ou des courbes, représentant par exemple l'évolution dans le temps d'une certaine grandeur. Une décroissance exponentielle se produit chaque fois que cette grandeur voit sa valeur diminuer d'un même pourcentage à chaque unité de temps. Il faut en théorie un temps infini pour qu'elle s'annule. Si on part de l'unité et que chaque année on perd 10 %, au bout de 6 ans et 6 mois, on aura encore la moitié de ce qu'on avait au départ. Dans le domaine nucléaire, on dit que cette durée représente la demi-durée de vie de la substance radioactive en question. La demi-durée de vie du plutonium 239, qui contamine la belle forêt de Tchernobyl, est de 24 110 ans. Une pandémie s'éteint en principe de la même manière. Voir cependant ci-dessous.

0,8. Le relâchement de la vigilance qui a accompagné une certaine remise en marche de l'économie l'a fait remonter à un niveau qui frôle 1,40. L'épidémie qui semblait matée est repartie de plus belle.

Tel est du moins le récit que l'on peut faire sur la base d'éléments théoriques qui demandent en fait à être révisés.

Les petits mondes

Le concept de point de basculement est né au sein des mathématiques, plus précisément de la théorie des systèmes dynamiques que l'on peut faire remonter à Newton au xviie siècle et à Lagrange au xviiie. Le concept de « petit monde » que je vais présenter est beaucoup plus récent. Il repose sur l'observation de systèmes complexes ayant la forme de grands réseaux constitués de nœuds en interaction, du système nerveux central à la Toile (le *World Wide Web*) en passant par les réseaux trophiques (quelle espèce mange quelle autre espèce, en Méditerranée par exemple). Ces réseaux sont à géométrie variable, de nouveaux nœuds s'ajoutant constamment au réseau considéré en tissant de nouveaux liens avec les nœuds déjà existants, et en en augmentant par la même la complexité.

Ces réseaux, qu'ils soient naturels, techniques ou sociaux, possèdent trois traits qui sont étroitement solidaires.

a) Ils constituent des « petits mondes » (*small worlds*)[1]. Pour tout couple de nœuds pris au hasard, il existe une chaîne minimale de liens qui permet de passer de l'un à l'autre. Dans un petit monde, la longueur moyenne de cette chaîne sur l'ensemble des couples est étonnamment courte par rapport au nombre total de nœuds. On estime ainsi que n'importe quel habitant de la Terre est éloigné en moyenne de n'importe quel autre par « six degrés de séparation[2] », le lien élémentaire étant défini comme lien de connaissance mutuelle. Sur la Toile, on compte environ un milliard de sites, et la distance moyenne entre deux d'entre eux est estimée à dix-neuf – un site B étant lié à un site A si de A part un lien menant à B.

b) La distribution des nœuds en fonction du nombre de liens qui les atteignent est foncièrement inégale. Un

---

1. Mark Buchanan, *Small World : Uncovering Nature's Hidden Networks*, Londres, Weidenfeld & Nicolson, 2002.
2. Cette expression (« *six degreees of separation* ») fait aujourd'hui partie du langage courant dans le monde anglo-américain pour désigner cette propriété exceptionnelle.

nombre relativement faible de nœuds concentrent l'essentiel des liens et jouent le rôle de plaques tournantes (*hubs*), tandis qu'un nombre considérable de nœuds ne sont liés aux autres que par un ou deux liens. Sur la Toile, 80 % des liens sont dirigés sur seulement 15 % des sites. L'histogramme correspondant obéit de fait à une loi très précise, qu'on appelle une loi de puissance (*power law*) : le nombre de nœuds auxquels correspond un nombre de liens donné est divisé par un facteur constant chaque fois que le nombre de liens est doublé. La loi de puissance est aussi dite loi de Pareto, du nom de l'économiste et sociologue italien, fondateur avec Leon Walras de l'École de Lausanne. Vilfredo Pareto avait conjecturé que la distribution des revenus dans chaque pays obéit à une loi particulière, isomorphe à toute partie tronquée d'elle-même : quel que soit votre revenu, le revenu moyen de ceux qui ont un revenu supérieur au vôtre est dans un rapport constant, supérieur à 1, à votre revenu. La loi de puissance donne bien ce résultat. On dit aussi que c'est une loi « fractale », ou à « invariance d'échelle ». Les réseaux dont l'histogramme des nœuds obéit à cette loi sont dits eux-mêmes à « invariance d'échelle » (*scale-free networks*). Dans un tel réseau, les plaques tournantes sont certes relativement peu nombreuses, mais elles le sont beaucoup plus que si la distribution des liens obéissait à une loi gaussienne, c'est-à-dire résultait d'un tirage aléatoire. D'où le concept fondamental d'abondance relative des cas extrêmes (*fat tail*).

Comme exemples de réseaux dont il a pu être montré qu'ils présentaient les deux traits précédents, citons : les réseaux trophiques et de nombreux écosystèmes, le système nerveux, le réseau des relations chimiques qui constituent le métabolisme d'une cellule, le réseau Internet, la Toile, les réseaux de distribution d'électricité, le réseau des liaisons aériennes, le réseau des citations scientifiques, de nombreux réseaux d'influence sociale, comme le réseau des affaires ou le réseau des partenaires sexuels[1]. Il est important de souligner que tous les réseaux ne sont pas des réseaux à invariance d'échelle (les réseaux routiers, par exemple).

c) Parmi les mécanismes qui contribuent à la constitution et au développement d'un réseau à invariance d'échelle, l'un semble être le plus souvent présent. Il fait intervenir une boucle de rétroaction positive – il est connu aujourd'hui que ces boucles jouent un rôle éminent dans la stabilité des systèmes complexes [**4, 8**]. Lorsqu'un réseau se constitue et qu'un nœud

---

1. Albert-László Barabási, *Linked : The New Science of Networks*, Cambridge (Mass.), Perseus, 2002.

nouveau s'agrège à l'ensemble, les liens qu'il tisse avec les nœuds existants s'adresseront de préférence à ceux qui attirent déjà beaucoup de liens. C'est la règle du « on ne prête qu'aux riches » (*rich-get-richer*) que l'on trouve au cœur de toute dynamique mimétique. Si la relation en question est exactement proportionnelle, on montre que le réseau résultant possède la propriété d'invariance d'échelle.

Les réseaux qui présentent les trois traits que je viens de décrire ont des propriétés tout à fait remarquables qui permettent d'avancer une réponse, partielle mais importante, à une question que l'on pose à propos des systèmes complexes : leur complexité favorise-t-elle leur stabilité ou est-ce le contraire ? Récemment, en France, le groupe de militants qui se retrouvent sous l'appellation de « collapsologie » a défendu la thèse que la complexité croissante des grands systèmes qui forment l'ossature de nos sociétés industrielles les condamnait *inévitablement* à disparaître. Ainsi :

> La structure de plus en plus globalisée, interconnectée et verrouillée de notre civilisation la rend non seulement très vulnérable à la moindre perturbation interne ou externe, mais la soumet désormais à des dynamiques d'effondrement systémique. [...] nous en

déduisons que notre société peut s'effondrer dans un avenir proche[1].

D'un autre côté, l'observation montre que les éco-systèmes, pour ne parler que d'eux, présentent une résistance aux chocs, nommée résilience ou robustesse, fantastique. Comme le dit un maître du domaine, « il semble que la nature s'efforce d'atteindre la robustesse au moyen de réseaux complexes hautement inter-connectés[2] ». Comment expliquer l'erreur des collap-sologues ?

La vérité est que les systèmes à invariance d'échelle, ou petits mondes, sont à la fois robustes et vulnérables. C'est la place des plaques tournantes qui explique la coexistence de ces deux prédicats pourtant opposés. Lorsque des défaillances touchent au hasard les nœuds du système, les nœuds les moins reliés, étant de très loin les plus nombreux, ont beaucoup plus de chances d'être affectés que les plaques tournantes. La dispari-tion d'un nœud peu relié n'a qu'une incidence minime sur le fonctionnement global du réseau, car celui-ci constitue par hypothèse un petit monde. En revanche, si une ou plusieurs plaques tournantes sont attaquées,

---

1. Pablo Servigne et Raphaël Stevens, *Comment tout peut s'effondrer*, *op. cit.*, p. 128-129 et 130.
2. Albert-László Barabási, *Linked*, *op. cit.*, p. 111.

le système s'effondrera tout d'un coup. La première recommandation pour la gestion prudente d'un système de ce type devrait être d'identifier en priorité les plaques tournantes. La tâche peut se révéler très difficile. Dans les réseaux trophiques ou les écosystèmes en général, les espèces qui se révèlent jouer le rôle de plaque tournante sont parfois inattendues : il s'agit d'espèces à première vue non remarquables dont le caractère de plaque tournante ne peut apparaître qu'au prix d'une description exhaustive du réseau en question.

Au vu des exemples énumérés, on conçoit aisément que ces considérations sont de première importance pour celui qui se préoccupe de sujets aussi divers que l'épuisement de la biodiversité, la contamination des cultures non OGM par des cultures OGM, le risque que des nouvelles technologies, bio ou nano, échappent au contrôle de l'homme, la destruction d'Internet par des attaques terroristes ou le collapsus des réseaux électriques. Et, bien sûr, la diffusion du coronavirus SARS-CoV-2.

Le rôle clé des super-propagateurs

Il est maintenant bien établi que tous les individus et tous les événements ne jouent pas le même rôle dans la propagation du nouveau virus. Parmi des dizaines d'autres, une étude faite à Hong Kong entre le 23 janvier et le 28 avril de l'année 2020 conclut que 20 % des cas de contamination ont été responsables de 80 % des transmissions, et que 70 % des nouveaux contaminés n'ont transmis le virus à personne. Un patient a passé deux semaines dans le même hôpital et a contaminé 138 personnes. C'est ce qu'on appelle un « super-propagateur » (*super-spreader*). D'autres études, réalisées en Chine, en Corée du Sud, à Singapour, en Grande-Bretagne, concluent de la même façon avec des pourcentages voisins. Les données françaises semblent aller dans le même sens.

On ne dispose que de conjectures au sujet des facteurs qui expliquent cette très grande variabilité du taux de reproduction R selon les individus. Les traits personnels jouent sans aucun doute un rôle, mais le contexte dans lequel les individus se trouvent ou l'événement auquel ils participent paraissent peser d'un poids plus lourd : en plein air ou dans un endroit fermé, pris au milieu d'une foule, célébrant un office religieux ou assistant à un événement sportif, etc.

Au début de cette réflexion, je supposais que tout le monde avait le même taux de reproduction R. Rien n'est plus faux. Qualitativement, la distribution des R ressemble beaucoup à celle qui définit l'invariance d'échelle : un petit nombre d'individus très contaminants, très supérieur néanmoins à ce qui correspondrait à une distribution aléatoire prenant la forme d'une courbe en cloche, et la très grosse majorité très peu ou pas du tout contaminants. Cependant, je ne connais pas d'étude qui montre que les distributions observées sont conformes à la loi de puissance ou loi de Pareto. Si c'était le cas, la diffusion du virus se ferait exactement en suivant les liens d'un réseau à invariance d'échelle, ou « petit monde ». Nous n'en sommes peut-être pas très éloignés.

Sous cette hypothèse, un résultat théorique très important et étonnant s'applique. Dans un petit monde, le concept de point de basculement (*tipping point*) perd entièrement sa pertinence. Quelle que soit la distribution des taux de reproduction R sur l'ensemble de la population, jamais l'épidémie ne s'arrête. Elle continue à tourner indéfiniment, même si la circulation du virus ralentit au gré des mesures habituelles, le confinement, le port du masque, la distanciation physique d'avec les autres, la limitation du nombre de contacts, etc. La notion de petit monde aide à comprendre ce qui se passe. Tous les individus, même les plus éloignés spatialement, sont rendus proches les uns des autres par le truchement des super-propagateurs. Cela donne au virus une contagiosité stupéfiante[1].

Dans cette configuration, qui n'est qu'un modèle, mais qui semble bien rendre compte de ce qui se produit, deux conclusions s'imposent sous la forme d'une mauvaise et d'une bonne nouvelle.

La mauvaise nouvelle est évidemment qu'en l'absence de vaccins et/ou de traitements sûrs et efficaces, nous devons vivre avec le virus sans perspective d'une fin prévisible.

La bonne nouvelle, c'est que nous pouvons agir néanmoins en cherchant à neutraliser les super-propagateurs[2]. C'est sans doute beaucoup plus difficile qu'il n'y paraît. Une conclusion similaire fut tirée assez tôt à propos de la diffusion du sida. Le rôle joué par un ensemble relativement restreint de super-propagateurs était évident. Le patient « zéro », celui par lequel on

1. Cf. Romualdo Pastor-Satorras et Alessandro Vespignani, « Epidemic Spreading in Scale-Free Networks », *Physical Review Letters*, vol. 86, 2001, p. 3200-3203.
2. Cf. Dillon C. Adam et Benjamin J. Cowling, « Just Stop the Superspreading », *New York Times*, 2 juin 2020.

convint de dire que tout commença aux États-Unis, était un Canadien français, steward de son métier, homosexuel, dont on estime qu'il eut, avant de mourir d'un sarcome de Kaposi, quelque 2 500 partenaires sexuels. L'idée de traiter en priorité, à ressources données, ces super-propagateurs fut envisagée mais elle buta très vite sur un problème éthique apparemment insurmontable. Cette politique semblait récompenser la promiscuité sexuelle[1]. Ainsi, on donnerait des médicaments rares et chers à des individus jugés immoraux, comme ce steward ou de pauvres prostituées travaillant à la chaîne, et on laisserait tomber les cas très nombreux d'individus ayant seulement « fauté » épisodiquement ? On ne s'y résolut pas. Aider exclusivement les premiers, c'était aussi les stigmatiser[2].

Le cas du coronavirus est évidemment très différent. Il est à parier qu'une bonne partie des super-propagateurs ne sont même pas malades. Ce sont des porteurs sains. Seuls des tests tous azimuts permettraient de les identifier. Quant à les « neutraliser », en l'absence de traitement, cela ne peut se faire qu'en les plaçant en quarantaine. Cependant, ce qui fait d'eux des super-propagateurs tient probablement moins à

---

1. Cf. Albert-László Barabási, *Linked*, *op. cit.*, p. 140.
2. Sur les problèmes éthiques posés par le « tri » des malades que l'on choisit de traiter à ressources données, voir [7].

leurs caractéristiques personnelles qu'aux circonstances dans lesquelles ils se trouvent ou qu'à l'événement qu'ils sont en train de vivre. Par exemple, les grandes messes de la liberté de mouvement et d'action retrouvée qui suivirent en France le déconfinement rassemblèrent en divers points du pays des foules considérables de personnes, souvent jeunes ou très jeunes, sans masques, collées les unes aux autres, inconscientes du fait que, ce faisant, elles contribuaient à faire de la nation tout entière un petit monde que le virus pourrait parcourir en un minimum de temps. Comme dans le cas du sida, le gouvernement n'a pas pu aller très loin dans la répression de ces plaques tournantes. Il pense ne pas pouvoir se permettre de stigmatiser les jeunes, pas plus qu'il ne voulait singulariser les homosexuels à l'époque où l'on croyait qu'eux seuls transmettaient le sida. Les virus se réjouissent de ces atermoiements.

12

Le covidoscepticisme, quatre mois plus tard

13 septembre 2020

Juste rentré de six jours de vacances, j'ouvre la radio et tombe sur l'émission matinale de France Culture. Guillaume Erner a invité pour parler de la pandémie... André Comte-Sponville. Celui-ci répète exactement le même discours qu'il y a quatre mois [2]. L'évolution contrastée de la crise sanitaire ne lui a rien appris. Ce qui était prévisible s'est produit, le laxisme déclenché par un déconfinement mal maîtrisé a engendré un retour en force des contaminations, le coefficient R (le nombre de contaminations que chaque nouveau contaminé provoque en moyenne) est maintenant nettement au-dessus de 1, ce qui veut dire que la réaction en chaîne est repartie de plus belle. Le nombre quotidien de nouveaux cas augmente chaque jour qui passe, sans que pour l'instant le nombre de décès suive le mouvement ascendant. Cela aussi était prévu : les plus jeunes ont été de loin les plus négligents. Ils savaient qu'ils couraient un risque faible, voire très faible et qu'attrapant le virus, ils auraient peu ou pas du tout de symptômes. Ils savaient aussi – ou ils devaient le savoir – qu'ils seraient contagieux et repasseraient ce virus à leurs parents ou grands-parents, lesquels alimenteraient la chaîne de transmission. Le nombre d'hospitalisations, puis d'accès en réanimation, puis de décès, augmenterait à son tour. La situation internationale confirmait ce processus. Outre le Brésil et les États-Unis, qui sont des caricatures grossières, l'Espagne était un cas d'école. Elle avait magnifiquement réussi son confinement mais, pressée de déconfiner, elle l'avait fait trop tôt et elle battait maintenant tous les records mondiaux de croissance des nouveaux cas quotidiens. À elle seule, elle illustrait la dure vérité de cette crise : pour sauver l'économie, il faut donner la priorité à la lutte contre le virus. Préserver la vie « nue », la vie brute, est la condition nécessaire *sine qua non* de la préservation de la seule vie que l'on dit supérieure ou authentique. Il n'y avait pas besoin d'études poussées pour le deviner.

Cependant, imperturbable, ACS déclare : « Un médecin m'a récemment confié que l'âge moyen des décès était de 82 ans et qu'il était même passé à 84 ans. Vous admettrez qu'il est moins triste de mourir à cet âge qu'à 20 ou 30 ans. »

Une vérification rapide me confirme qu'il a toujours dit cela [2] et pourtant, c'est la première fois que je remarque l'erreur grossière qu'il profère ainsi. C'est une belle leçon pour moi. On peut être averti, se tenir sur ses gardes, il y aura toujours des énormités – des *fake news* – qui passeront inaperçues et qui seront reprises, commentées et feront désormais partie des choses supposées connues.

L'erreur commise par notre philosophe, et sans doute par beaucoup d'autres personnes, est de confondre valeur moyenne et valeur médiane d'une variable aléatoire. Il a visiblement en tête le cas dit « normal », caractérisé par la courbe familièrement nommée « courbe en cloche ». La distribution des probabilités étant parfaitement symétrique, la valeur moyenne coïncide avec la valeur médiane, laquelle divise la population en deux parties égales.

Cependant, la distribution des âges de décès dus à la pandémie n'obéit pas du tout à ce schéma, puisque le taux de létalité croît continûment et fortement en fonction de l'âge. C'est même là un signe distinctif unique de ce virus[1]. Il en résulte que l'âge médian

---

1. Observation de Richard Hodes, le directeur de l'Institut national sur le vieillissement (National Institute on Aging, Bethesda, Maryland) aux États-Unis. Le taux de létalité des malades de plus de 75 ans est le triple de celui des malades qui ont entre 65 et 74 ans. Les intellectuels covidosceptiques s'évertuent à banaliser le SARS-CoV-2 de la même manière qu'ils minimisent la gravité de la maladie qu'il déclenche [3, p. 83, note 2]. Dans les deux cas, ils se trompent et trompent leurs lecteurs.

est supérieur à l'âge moyen[1]. Il est effectivement de l'ordre de 84 ans alors que l'âge moyen se situe autour de 74 ans, soit une valeur sensiblement inférieure à l'espérance de vie à la naissance en France. L'écart important entre âges médian et moyen exprime simplement qu'une forte concentration des décès se situe à des âges canoniques. Mais cela n'implique pas du tout que l'on ne meurt pas du coronavirus à des âges bien plus tendres. Du 1ᵉʳ mars 2020 à la fin août, 25 % des décès ont concerné la tranche d'âge entre 45 et 74 ans.

L'écart est encore plus important dans les régions les plus touchées, comme Paris et l'Île-de-France. Début septembre, l'âge moyen des patients en réanimation y est de 60 ans. Certes, tous ne mourront pas. Mais c'est le lieu de rappeler que la mort n'est pas la seule issue tragique de ce fléau. Beaucoup de ceux qui sont passés en réanimation et ont survécu sont atteints de morbidités graves qui touchent les poumons, le système cardiovasculaire et le cerveau et surviennent quelque temps après qu'ils sont sortis de l'hôpital, en principe guéris. Les symptômes qui peuvent être très invalidants, comme une fatigue chronique et des troubles respiratoires insistants, sont mal compris et à peine reconnus par le corps médical. Comme ils subsistent alors que le virus n'est

1. La démonstration tient en une ligne de raisonnement, pourvu qu'elle s'appuie sur la géométrie.

plus présent dans l'organisme, le malade a du mal à plaider qu'il n'est pas la victime de son imagination. Cette situation pourtant n'est pas nouvelle. Elle se présente lorsqu'on a affaire à ce qu'on appelle une maladie auto-immune, telle que le sida. Le tueur n'est pas le virus, mais le système immunitaire, rendu incapable de remplir sa fonction qui est de distinguer entre le soi et le non-soi pour mieux défendre le premier contre les attaques du second. Le corps médical a encore du mal à reconnaître que la Covid-19 appartient à cette catégorie, et préfère recourir à des circonlocutions telles que « manifestation aiguë hyper-inflammatoire » ou « réaction inflammatoire disproportionnée ». Quoi qu'il en soit, ce virus ne fait pas que tuer, il sait aussi gâcher la vie.

La sagesse commune – en fait, la bêtise ambiante – consiste à affirmer qu'on peut tout faire dire aux statistiques. Ce n'est vrai que si l'on ignore des distinctions essentielles, comme celle qui différencie la valeur moyenne et la valeur médiane d'une variable aléatoire. Il n'y a certes aucune honte à ne pas connaître le sens de ces mots[1]. Mais, pour paraphraser un philosophe célèbre, ce dont on ne sait parler, il vaut mieux le taire.

---

1. Même si la confusion que je dénonce ici est du même ordre que celle qui, dans le domaine de ce qu'on appelle la « culture générale », reviendrait à se tromper sur la question de savoir si Victor Hugo a vécu avant ou après la Révolution française. Pourquoi parle-t-on d'inculture dans ce dernier cas et hausse-t-on les épaules dans le premier ? C'est une

Le lendemain : je reçois par porteur, dédicacé, le dernier ouvrage d'ACS, son *Dictionnaire amoureux de Montaigne*[1]. La lecture de quelques entrées me convainc que c'est dans ce type d'entreprise qu'il excelle. À l'entrée « Connaissance », il cite Montaigne qui, selon ses dires, « n'a goûté des sciences que la croûte première, en son enfance, et n'en a retenu qu'un général et informe visage : un peu de chaque chose, et rien du tout [rien à fond], à la française[2] ». ACS commente : « Ces derniers mots m'amusent et me touchent, me sachant comme lui. Il se le reproche moins que moi. Il a raison. C'est son jugement qu'il veut tester, pas son savoir[3]. » Sans doute, mais ce qui est en cause dans ma critique, ce n'est pas l'insuffisance du savoir, mais la confusion des concepts. Ce n'est pas la science, mais cette discipline des concepts qu'on appelle la philosophie. ACS, qui n'admire pas moins Pascal qu'il n'aime Montaigne, ne peut qu'en tomber d'accord.

---

question grave car de la réponse qu'on lui apporte dépend la possibilité d'une démocratie scientifique et technique.
1. Paris, Plon, 2020.
2. Montaigne, *Essais*, édition Villey-Saulnier, Paris, PUF, 1965, I, 26, 146.
3. *Dictionnaire amoureux de Montaigne, op. cit.*, p. 135.

13
Le catastrophisme en question[1]

Pendant que j'écrivais ce journal, j'ai été plusieurs fois invité à dire en quoi mon « catastrophisme éclairé » permettait de mieux comprendre ce qui se joue avec cette pandémie. J'ai, comme ici même en [4], expliqué pourquoi je jugeais ce travail non pertinent dans le cas d'espèce. Il éclaire certes notre incapacité à convertir en croyance le savoir que nous avons sur la catastrophe à venir. Mais, précisément, nous ne sommes pas avec la crise du coronavirus dans le cas d'une catastrophe future, nous y sommes intégralement plongés.

À la réflexion, je juge utile, pour au moins trois raisons, d'inclure dans ce journal un texte sur le catastrophisme que j'ai écrit *avant* la pandémie, alors que je me trouvais encore au Brésil. Premièrement, comme

---

1. Cette entrée, écrite en février 2020, est parue dans la revue en ligne *AOC* le 11 novembre 2020 sous le titre « Contre les collapsologues et les optimistes béats, réaffirmer le catastrophisme éclairé ».

beaucoup l'ont noté, ce n'est pas parce que l'humanité se trouve aux prises avec cet ennemi invisible, le virus, que les menaces qui pesaient sur son avenir dans le « monde d'avant » ont disparu. Celles sur lesquelles je travaille depuis vingt ans me paraissent toujours les plus sérieuses : le changement climatique et la menace d'une guerre nucléaire. Deuxièmement, et cela concerne la dimension métaphysique de mon travail, le catastrophisme éclairé repose sur une conception du temps d'avant la catastrophe qui rend en un sens très particulier l'avenir « nécessaire » bien que non destinal. Or on se souvient que le sophisme de l'an 2000 fait intervenir une telle temporalité [5]. Il y a donc un lien plus profond que je ne l'imaginais entre ce journal et mon travail antérieur. Troisièmement, la mise au point que l'on va lire, et c'est sans doute le plus important, me permet de souligner un aspect de mon catastrophisme que je n'ai jamais réussi à faire comprendre : il repose sur une promesse de bonheur.

1. La critique assez radicale des collapsologues que j'ai faite dans divers médias a, semble-t-il, surpris, voire choqué. On me tenait pour au moins aussi « catastrophiste » qu'eux. Ne me citaient-ils pas positivement ? Et voilà que je m'écarte d'eux en leur

faisant la leçon, les accusant de discréditer la cause qu'ils entendent servir[1]. En vérité, j'avais prévu depuis longtemps d'équilibrer mon propos par un article qui serait une critique non moins acerbe de ceux que j'appelle les aveugles bienheureux, les optimistes béats, tous ceux dont l'anti-catastrophisme militant mène à nier l'évidence, à savoir que nous sommes engagés dans une course suicidaire. J'ai donc lu leurs ouvrages et en suis sorti consterné. La plupart sont si honteusement mauvais que ce serait leur faire trop d'honneur que de citer même leur titre[2] et le nom de leur auteur. Faut-il donc être ignorant, malhonnête et bête pour critiquer le catastrophisme ? La haine de l'écologie est-elle si pernicieuse qu'elle fait perdre tout sens critique et toute éthique professionnelle à des auteurs qui peuvent par ailleurs avoir des œuvres reconnues ?

Je m'empresse d'ajouter que toutes les critiques du catastrophisme ne sont pas de la même farine. Les plus solides représentent un défi sérieux pour tous ceux qui comme moi insistent pour regarder la terrible réalité

---

1. En particulier, dans l'article publié par *AOC* le 22 octobre 2019 sous le titre « Simplismes de l'écologie catastrophiste ».
2. Ces titres ou sous-titres ont tous plus ou moins la même forme, du genre « Pour en finir avec l'apocalypse », « Halte à la déraison catastrophiste », « La fin du monde n'est pas pour tout de suite » (titres que j'invente sans préjuger de leur existence possible).

en face tout en s'en tenant aux normes de la rationalité la plus exigeante[1].

Entre les collapsologues et les anti-catastrophistes, un jeu de miroirs s'est formé. Tout se passe comme si les collapsologues donnaient raison aux critiques les plus radicales du catastrophisme. S'ils n'existaient pas, les anti-catastrophistes les auraient inventés. L'homme de paille que ces derniers ont construit pour mieux l'incendier est devenu réel. Mais, comme toujours avec les extrêmes, des points de contact apparaissent. J'en vois au moins trois. En premier lieu, toutes les parties en présence ont tendance à considérer qu'il n'y a qu'une forme de catastrophisme, à savoir une quelconque variante de la collapsologie. De la part des collapsologues, cela n'est pas pour étonner. Mais il en va de même de leurs critiques. Comme s'il ne pouvait pas exister un catastrophisme rationnel ou « éclairé ».

Le deuxième point de contact est l'incapacité des uns et des autres à penser le rôle paradoxal du prophète de malheur aujourd'hui. Tous ont repéré chez les fondateurs allemands du catastrophisme, Hans

---

1. Parmi les chercheurs dont les critiques m'ont aidé même si je reste en désaccord sur des points parfois essentiels avec beaucoup d'entre eux : Catherine et Raphaël Larrère, Michaël Fœssel, Luc Ferry, Gérald Bronner, Hicham-Stéphane Afeissa et quelques autres.

Jonas et Günther Anders, des citations comme celles-ci :

Hans Jonas : « *La prophétie de malheur est faite pour éviter qu'elle ne se réalise* ; et se gausser ultérieurement d'éventuels sonneurs d'alarme en leur rappelant que le pire ne s'est pas réalisé serait le comble de l'injustice : il se peut que leur impair soit leur mérite[1]. »

Günther Anders : « Si nous nous distinguons des apocalypticiens judéo-chrétiens classiques, ce n'est pas seulement parce que nous craignons la fin (qu'ils ont, eux, espérée), mais surtout parce que *notre passion apocalyptique n'a pas d'autre objectif que celui d'empêcher l'apocalypse*. Nous ne sommes apocalypticiens que pour avoir tort. Que pour jouir chaque jour à nouveau de la chance d'être là, ridicules mais toujours debout[2]. »

Au regard de cette philosophie, qu'ils citent mais ne respectent pas, on peut dire que les collapsologues ont renoncé à se battre pour éviter que « l'effondrement » se produise, jugeant que l'apocalypse est certaine et ne faisant rien pour l'empêcher. Quant aux critiques

---

1. Hans Jonas, *Le Principe responsabilité. Une éthique pour la civilisation technologique*, Paris, Flammarion, coll. « Champs », 1995, p. 233. Je souligne.
2. Günther Anders, *Le Temps de la fin*, Paris, L'Herne, 2007, p. 88. Je souligne.

du catastrophisme, trop souvent ils ne prennent pas la mesure de la tragédie qui est celle de l'éveilleur de conscience face à la catastrophe annoncée : s'il veut être efficace, et faire par sa parole que le malheur ne se produise pas, il doit être un faux prophète[1], au sens qu'il doit annoncer publiquement un avenir dont il sait qu'il ne se réalisera pas, et cela du fait même de cette parole[2].

1. Pour ce qui est de la Bible, le Deutéronome nous apprend que le seul et véritable critère de reconnaissance du vrai prophète était que sa parole s'accomplissait, que sa prophétie s'avérait exacte : « Peut-être diras-tu en ton cœur : "Comment reconnaîtrons-nous la parole que Yahvé n'a pas dite ?" Quand le prophète aura parlé au nom de Yahvé, *si ce qu'il dit n'a pas lieu et n'arrive pas, voilà la parole que Yahvé n'a pas dite* ; c'est par présomption qu'a parlé le prophète : tu ne le redouteras pas ! » (Deut. 18, 21-22). C'est la non-réalisation de la prophétie qui prouve qu'elle n'est pas d'origine divine. Dans un monde laïc, ce même critère peut servir à distinguer les charlatans des autres prédicteurs.

2. Deux livres fort différents illustrent cette incompréhension. L'essayiste Pascal Bruckner, dans son pamphlet *Le Fanatisme de l'apocalypse* (Grasset, 2011), use jusqu'à la corde une technique qui atteint bien vite le point de rupture : alors qu'il devrait se faire tout petit devant l'importance des enjeux, il se moque de ce qu'il ne comprend pas. Se référant à la citation d'Anders que j'ai faite plus haut, il y voit une manifestation de fausse humilité, sans saisir que l'humilité n'a rien à voir à l'affaire et que le prophète efficace se condamne vraiment à avoir tort. Citant Jonas comme je l'ai également fait, il ironise : « Gagner, ce serait perdre mais perdre c'est gagner », incapable de comprendre la logique perverse de la prophétie de malheur. Le livre de Michaël Fœssel, *Après la fin du monde. Critique de la raison apocalyptique* (*op. cit.*), est d'une autre facture, un livre de vrai philosophe cette fois. Cependant, Fœssel fait dire aux catastrophistes que « l'apocalypticien contemporain est animé par *la passion d'avoir tort* » (p. 30). Non, le catastrophiste rationnel d'aujourd'hui n'a aucunement la passion d'être ridicule : il veut éviter la

Enfin, tant les catastrophistes mortifères que les aveugles satisfaits d'eux-mêmes accélèrent la marche vers l'abîme, les premiers en excluant que nous puissions l'arrêter, les seconds en tournant la tête ailleurs.

2. Comment donc analyser les implications du type de prophétie que préconisent Jonas et Anders ?

Notons qu'en soi, annoncer un avenir possible et désastreux de façon à modifier les comportements des gens et faire que cet avenir ne se réalise pas ne soulève aucun problème logique ou métaphysique particulier, comme le montre l'exemple massif de la prévention, à quoi on peut ajouter aujourd'hui la précaution, forte de son fameux principe. La prévention, lorsqu'elle s'exprime dans un discours public, annonce non ce que sera l'avenir, mais ce qu'il *serait* si les sujets ne changeaient pas leurs comportements. Elle n'a aucune vocation à jouer les prophètes.

Qu'est-ce donc qui fait qu'un prophète est un prophète ? C'est qu'il se présente comme annonçant le seul avenir qui sera, avenir qu'on peut appeler « actuel » aux sens latin et anglais du terme : « notre » avenir. La prophétie à la Hans Jonas pose alors un problème

catastrophe même s'il lui faut pour cela payer le prix de paraître un mauvais, c'est-à-dire un faux prophète. Ce n'est pas du tout la même chose.

apparemment insurmontable, comme l'histoire de Jonas[1], le prophète biblique du VIIIe siècle avant J.-C., le montre magnifiquement.

> La parole de Yahvé advint à Jonas, fils d'Amittaï, en ces termes : « Debout ! va à Ninive, la grande ville, et crie contre elle que leur méchanceté est montée devant moi. » Jonas partit pour fuir à Tarsis, loin de la Face de Yahvé.

Dieu demande à Jonas de prophétiser la chute de Ninive qui a péché devant la Face de l'Éternel. Au lieu de faire son travail de prophète, Jonas s'enfuit. Pourquoi ? À ce stade, la question est sans réponse. Tout le monde sait la suite de l'histoire, l'embarquement sur le vaisseau étranger qui se rend à Tarsis (détroit de Gibraltar), la grande tempête punitive, le tirage au sort qui révèle la culpabilité de Jonas, celui-ci jeté *à sa demande* par-dessus bord par les marins afin de calmer le courroux de Yahvé, le grand poisson miséricordieux qui l'avale et, finalement, après que trois jours et trois nuits se sont écoulés, le vomit sur la terre sèche. Mais se rappelle-t-on la fin de l'histoire ? C'est là seulement que l'on comprend pourquoi Jonas a désobéi à Dieu.

---

1. Le fait que Hans Jonas porte le nom de ce prophète est l'un de ces clins d'œil de l'histoire qui laissent confondu.

C'est que Jonas avait prévu, en tant que prophète efficace, ce qui allait se passer s'il faisait sa prophétie ! Ce
qui se serait passé, c'est ce qui se passe maintenant,
alors que Yahvé, pour la seconde fois, lui donne l'ordre
de prophétiser la chute de Ninive et que cette fois,
ayant compris ce qu'il lui en coûtait de désobéir, il
obtempère. Les Ninivites se repentent, se convertissent,
et Dieu leur pardonne. Leur cité sera épargnée. Mais
pour Jonas, c'est un échec cuisant, qui le laisse tout
« contrarié », nous dit le texte.

On peut dire de ce type de prophétie qu'elle est
auto-invalidante de la même manière que l'on parle
de prophétie auto-réalisatrice.

Le prophète traditionnel, par exemple le prophète
biblique, quelle que soit la nature de sa prophétie, est
un homme public, en vue, doté d'un grand prestige et
tous prêtent grande attention à sa parole, qu'ils tiennent
pour vraie. C'est tout le contraire du Troyen Laocoon
ou de sa sœur Cassandre, que le dieu avait condamnés
à ne pas être entendus. S'il veut être un vrai prophète,
le prophète, en annonçant l'avenir, doit donc tenir
compte de l'effet de sa parole sur le comportement des
gens. Il doit annoncer un avenir tel que les réactions
de ses auditeurs coproduisent l'avenir en question ou,
en tout cas, ne l'empêchent pas de se réaliser. C'est
ce qu'en mathématiques, logique et métaphysique, on

appelle la recherche d'un point fixe. Ce type de point fixe n'est pas donné de l'extérieur (comme Dieu chez Leibniz)[1], il est une émergence produite par le système des relations entre le prophète et le peuple auquel il s'adresse. J'ai proposé l'expression « point fixe endogène » pour désigner ce type de point fixe[2].

En d'autres termes, le prophète prétend annoncer un futur fixe, c'est-à-dire indépendant des actions des agents, un avenir destinal en somme, alors qu'il a en réalité tenu compte des réactions de son auditoire pour se caler en un avenir tel que, celui-ci une fois annoncé, les réactions des agents l'engendreront. Ce procédé fonctionne d'autant mieux que les agents ignorent qu'ils participent à un tel schème. Ils tiennent que la parole du prophète dit ce que sera l'avenir. Si le prophète s'est calé sur un point fixe, l'avenir devenu présent ne les démentira pas. Si, de plus, cet avenir est celui que le prophète voulait faire arriver, soit parce qu'il est bon, soit parce qu'il évite un désastre, qui songera à soupçonner le prophète ? Il aura eu recours à un détour métaphysique pour aller dans le bon sens.

---

1. Voir les travaux éminents du premier Michel Serres synthétisés dans *Le Système de Leibniz et ses modèles mathématiques. Étoiles, schémas, points*, Paris, PUF, 4ᵉ édition, 2002 ; initialement publié en 1968.

2. Voir Jean-Pierre Dupuy, *Introduction aux sciences sociales. Logique des phénomènes collectifs, op. cit.*

Le prophète fait fond sur la logique de la prophétie auto-réalisatrice. Le défi que doit relever le prophète de malheur apparaît dès lors dans sa singularité : il doit résoudre en termes de prophétie auto-réalisatrice un problème dont la nature est celle d'une prophétie auto-invalidante. C'est l'objectif que je me suis fixé dans mon livre sur le « catastrophisme éclairé » et c'est en ce point que je me suis écarté tant de Jonas que d'Anders, lesquels en sont restés au stade de la prophétie auto-invalidante, celle qui rend le prophète ridicule mais fier d'avoir sauvegardé la vie. C'est un point essentiel que j'ai échoué à faire comprendre, puisqu'on m'associe toujours à Jonas, et je le regrette.

3. Jusqu'ici, nous avons considéré le cas du prophète isolé, extérieur au groupe dont il dit le destin, tout en étant suffisamment proche de lui pour tout savoir à son sujet y compris son avenir, un peu à la manière du Législateur selon Rousseau. Il existe une version beaucoup plus démocratique de cette configuration dans laquelle c'est le groupe lui-même, ou en tout cas ses représentants, qui prend par rapport à lui-même la position de prophète. Dans ce cas, prédire l'avenir (comme s'il était inscrit dans les astres : fatalisme) ou se le fixer comme objectif (volontarisme) coïncident tout en restant contradictoires. Puisque,

une fois décidé, tous prennent cet avenir pour point de repère fixe, intangible, c'est-à-dire indépendant des actions présentes, alors même que tous savent que l'avenir en dépend causalement[1], on peut dire que tous tiennent l'avenir pour nécessaire[2], sans pour autant faire de cet avenir un destin : c'est une convention[3] que tous acceptent parce qu'ils se la donnent à eux-mêmes[4].

Il devrait être évident que, comme dans le cas de la prophétie d'un individu isolé, cette convention ne peut pas être n'importe quoi. Elle ne peut « tenir », c'est-à-dire résister à l'observation, que si « ça boucle » : les réactions à l'avenir annoncé ne doivent pas empêcher la réalisation causale de cet avenir. En d'autres termes, elle doit être un point fixe endogène. Dans le cas positif,

1. En philosophie, on dirait que l'avenir est *contrefactuellement* indépendant des actions présentes alors même qu'il en dépend *causalement*. Le non-parallélisme entre de telles dépendances ne bute pas sur une impossibilité logique.
2. Dire que l'avenir est nécessaire, c'est dire que tous les événements futurs s'y produisent nécessairement : il est impossible qu'ils ne s'y produisent pas. Il est équivalent de dire – mais cela requiert une démonstration – que l'avenir est nécessaire et de dire que tout événement qui ne se produira jamais est impossible [5].
3. Au sens technique donné à ce terme par David K. Lewis, à la suite de David Hume, dans son livre *Convention*, Hoboken (NJ), Wiley-Blackwell, 2008.
4. Dans mon livre *L'Avenir de l'économie* (*op. cit.*), j'ai nommé « coordination par l'avenir » cette modalité de la régulation sociale.

j'ai pris l'exemple du Plan quinquennal français[1], dont le mot d'ordre était : obtenir par la concertation et l'étude une image de l'avenir suffisamment attirante pour qu'on désire la voir se réaliser et suffisamment crédible pour qu'on ait des raisons de penser qu'on peut y arriver. La condition de bouclage est indispensable, sinon n'importe quelle utopie ferait l'affaire.

C'est sur cette configuration que je repose la question de la logique paradoxale de la prophétie de malheur. Existe-t-il une manière de prophétiser la catastrophe qui réussisse à l'éviter par les comportements que son annonce engendre sans que pour autant le prophète apparaisse comme un faux prophète ? Peut-on vraiment rabattre la prophétie auto-invalidante sur la prophétie auto-réalisatrice ?

Comme nous l'avons déjà vu, deux types opposés de rapport prophétique à l'avenir conduisent à renforcer la probabilité d'une catastrophe majeure. Celui des optimistes béats qui voient les choses s'arranger de toute façon, *quoi que fassent les agents*, par la grâce du principe qui veut que l'humanité se soit toujours sortie des pires situations. Et celui des catastrophistes mortifères que sont les collapsologues, qui annoncent comme *certain* ce qu'ils appellent l'effondrement. Dans

---

1. Cf. Jean-Pierre Dupuy, *Pour un catastrophisme éclairé, op. cit.*

l'un et l'autre cas, on contribue à en renforcer le caractère probable en démobilisant les agents, mais dans le second cas, cela va dans le sens de la prophétie, et dans le premier en sens opposé.

Nul mieux que le philosophe allemand Karl Jaspers, au sortir de la Seconde Guerre mondiale, n'a dit cette double impasse :

> Quiconque tient une guerre imminente pour *certaine* contribue à son déclenchement, précisément par la certitude qu'il en a. Quiconque tient la paix pour *certaine* se conduit avec insouciance et nous mène sans le vouloir à la guerre. Seul celui qui voit le péril et ne l'oublie pas un seul instant se montre capable de se comporter rationnellement et de faire tout le possible pour l'exorciser[1].

Prophétiser que la catastrophe est sur le point de se produire, c'est contribuer à la faire advenir. La passer sous silence ou en minimiser l'importance, à la façon des optimistes béats, conduit au même résultat. Ce qu'il faudrait, c'est combiner les deux démarches : annoncer un avenir nécessaire qui *superposerait* l'occurrence de la catastrophe, pour qu'elle puisse faire office

1. Karl Jaspers, *Vom Ursprung und Ziel der Geschichte* (De l'origine et du but de l'histoire), Munich/Zurich, R. Piper & Co. Verlag, 1949. Je traduis et souligne.

de dissuasion, et sa non-occurrence, pour préserver l'espoir. En mécanique quantique, une superposition de ce type est la marque d'une *indétermination* (*Unbestimmtheit* en allemand). Sans vouloir chercher ici une analogie qui poserait trop de problèmes, j'ai proposé de retenir ce terme pour désigner le type d'incertitude radicale qui caractérise un tel avenir. Elle n'est pas probabilisable, car les probabilités présupposent des disjonctions, alors qu'un avenir nécessaire ne connaît que des conjonctions. Le « poids » accordé à la catastrophe doit par ailleurs être aussi petit que possible, évanescent ou infinitésimal dans le cas d'une catastrophe majeure telle qu'une guerre nucléaire mondiale. La prophétie de malheur aura alors accompli son programme, *à cet infinitésimal près*[1].

4. La question par laquelle je conclus cette mise au point est la plus problématique. Elle fait l'objet de recherches que je suis heureux de ne pas conduire seul, tant elles posent de défis. Cette question est : comment penser un avenir à la fois nécessaire et indéterminé[2] ?

---

1. Trois livres marquent les étapes de ma réflexion : *Pour un catastrophisme éclairé*, *op. cit.* ; *L'Avenir de l'économie*, *op. cit.* ; *La guerre qui ne peut pas avoir lieu*, Paris, Desclée de Brouwer, 2019.
2. La nécessité, à l'instar de la possibilité chez Bergson, ne peut être que rétrospective. Un événement qui se produit devient nécessaire, non

Il existe diverses manières de concevoir la superposition des états qui réalise l'indétermination. Je me contenterai ici de deux sortes d'exemples, tirés de mes travaux passés.

a) Le concept de « *near miss* » (ou « *near hit* »), familier aux stratèges nucléaires. Plusieurs dizaines de fois au cours de la guerre froide, mais aussi plus tard, on est passé « à un cheveu » du déclenchement d'une guerre nucléaire. Est-ce à mettre au crédit ou au passif de la dissuasion ? Les deux réponses sont simultanément bonnes. Celui qui fut le secrétaire à la Défense des présidents Kennedy et Johnson, Robert McNamara, conclut à l'inefficacité de la dissuasion. « *We lucked out* » (Nous avons eu du bol), dit-il à ce sujet en recourant à une expression argotique bien trempée. Cette conclusion n'est-elle pas trop hâtive ? Ne pourrait-on pas dire au contraire que c'est ce flirt répété avec le tigre nucléaire, cette série d'*apocalypses qui n'ont pas eu lieu*, qui nous a protégés du danger que représentent l'accoutumance, le contentement de soi, l'indifférence, le cynisme, la bêtise, la croyance béate que le pire nous sera épargné ? N'être ni trop près, ni trop loin du trou

---

seulement parce qu'il entre dans le passé, mais parce qu'il *devient* vrai qu'il aura toujours été nécessaire.

noir, ou bien être *à la fois* proche et distant de l'abîme, telle semble être la leçon à tirer de la guerre froide.

Le point fixe endogène est ici une apocalypse qui n'a pas eu lieu mais il s'en est fallu de peu. Je suis encore tout secoué que ma fille brésilienne se soit trouvée à bord du vol Air France AF 447 qui relie quotidiennement Rio de Janeiro à Paris le 31 mai 2009, soit la veille du jour où le même vol a disparu en mer [1, 10]. Mais si elle avait été sur ce vol une semaine, un mois, une année avant le crash, mon sentiment de peur rétroactive aurait-il été le même ? La catastrophe n'a pas eu lieu, cela arrive tous les jours, sinon c'en serait fini de l'industrie aéronautique. Le *near miss*, c'est autre chose. Il y a, sous-jacente à l'absence de la catastrophe, l'image de la catastrophe elle-même, l'ensemble constituant ce qu'on peut appeler une présence-absence.

b) La nouvelle de Philippe K. Dick *Minority Report* développe une idée contenue dans le *Zadig* de Voltaire et illustre les paradoxes examinés ici. La police du futur y est représentée comme ce qu'on appelle aujourd'hui, alors qu'elle est mise en place dans diverses villes du monde, une police prédictive[1] qui prévoit tous les

---

1. Cf. Jean-Pierre Dupuy, « Le paradoxe de Zadig. *Big Data* et sécurité », *Esprit*, n° 460, décembre 2019.

crimes qui vont être commis dans une zone donnée. Elle intervient parfois au tout dernier moment pour empêcher le criminel d'accomplir son forfait, ce qui fait dire à ce dernier : « Mais je n'ai rien fait ! », à quoi la police répond : « Mais vous alliez le faire. » L'un des policiers, plus tourné vers la métaphysique que les autres, a ce mot : « Ce n'est pas l'avenir si on l'empêche de se produire ! » Mais c'est sur le titre de la nouvelle que je veux insister ici. L'« avis minoritaire » se réfère à cette pratique à laquelle ont recours nombre d'institutions importantes de par le monde, par exemple la Cour suprême des États-Unis ou le Conseil d'État français, qui consiste, lorsqu'elles rendent un avis qui ne fait pas l'unanimité, à inclure, à côté de l'avis majoritaire qui devient de ce fait l'avis de la Cour ou du Conseil, l'avis de la minorité. Dans la nouvelle de Dick, la prophétie est faite par un trio de Parques nommées Precogs (pour Pre-cognition). Trois est un nombre très intéressant car ou bien les trois Parques sont d'accord, ou bien c'est deux contre une. La minorité, s'il y en a une, ne contient qu'un élément. L'avis de celui-ci apparaît en supplément de l'avis rendu, qu'il contredit tout en en faisant partie[1]. Ainsi que l'a écrit

---

1. Cette figure paradoxale est exactement celle que le regretté anthropologue et sociologue Louis Dumont nommait la « hiérarchie comme

Pascal, « À la fin de chaque vérité il faut ajouter qu'on se souvient de la vérité opposée[1]. »

Voilà à quoi devrait ressembler la prophétie face à une catastrophe anticipée mais dont la date est inconnue : le malheur ne devrait y figurer qu'en filigrane d'une annonce de bonheur, ce bonheur consistant en l'évitement du malheur. On pourrait dire que le bonheur *contient* le malheur tout en étant son contraire, en prenant le verbe « contenir » dans son double sens de faire barrage et d'avoir en soi.

---

englobement du contraire ». Voir Louis Dumont, *Homo Hierarchicus*, Paris, Gallimard, 1967 ; repris in coll. « Tel », 1979.
  1. *Pensées diverses* (Laf. 576, Sel. 479).

Le piège du déni
15 décembre 2020

Un journal qui s'arrête, c'est comme un film auquel il manque la fin. On proteste, on veut savoir comment l'intrigue se termine, on conspue le projectionniste ou ceux qui ont emprunté le DVD avant nous. Car c'est la fin qui donne sens à l'histoire qui mène à elle. La fin d'un journal est nécessairement une coupure arbitraire dans un développement qui n'a pas de fin. Dans le cas présent, la fin est tout sauf une conclusion. Il n'y a pas à conclure sauf à dire que, collectivement, nous n'avons pas été à la hauteur.

Préférer l'économie à la vie humaine ? Comme si l'économie était autre chose qu'une manière pour les êtres humains d'être ensemble, ni la plus subtile ni la plus glorieuse. On pourrait sauver l'économie en se passant des hommes ? Quel aveu ! Le capitalisme a transformé cette petite chose qu'est l'économie en immense machine qui a l'air de marcher toute seule. Même s'il profite de l'abrutissement des masses, il a besoin d'individus en relativement bonne santé pour fonctionner. Les survivants de la pandémie qui respirent à peine, qui souffrent d'asthénie, qui ont du mal à réfléchir, ne servent pas à grand-chose. Ils ne servent à rien. Encore une fois, on ne relance pas une économie moderne dans un hôpital, encore moins dans un cimetière.

Le pire pouvait être évité et l'est encore. Il eût suffi non pas que les peuples se donnent des gouvernements plus savants et plus responsables dont ils attendent tout, mais que les gens eux-mêmes le soient, plus savants et plus responsables. Il fallait comprendre que ce virus est fait de telle sorte que pour s'en protéger, il faut d'abord que les autres vous protègent. C'est un virus moral au sens qu'il nous enjoint de penser aux autres avant de penser à nous-même. Et nous n'avons pas entendu sa leçon.

Honte à ceux – ils se reconnaîtront – qui ont utilisé des mots comme grippette ou vaguelette pour mieux ridiculiser ceux qui prenaient la pandémie au sérieux, alors qu'outre-Atlantique, par exemple, elle était caractérisée par l'opinion publique éclairée comme « horrible ». Que Dieu ou le Grand Tout leur pardonne, ils ne savaient pas ce qu'ils disaient. Et ils ont contribué, par leurs critiques irresponsables, au chaos dans lequel nous sommes.

Dans les pays qui ont le plus mal géré la pandémie et qui l'ont vue échapper à leur contrôle – les États-Unis d'Amérique et le Brésil, mes deux pôles de référence, en particulier –, le pouvoir s'est illustré en bafouant la science et en minimisant la gravité du mal. Ils voulaient éviter la panique, disaient certains ; plus prosaïquement, ils songeaient à leur réélection. Les intellectuels sceptiques, en France, ont porté l'accusation inverse contre les autorités sanitaires et politiques réunies dans le même opprobre. Selon eux, elles ont provoqué la panique par des annonces apocalyptiques pour mieux asseoir leur « biopouvoir ».

Les beaux idéaux de liberté et d'égalité ont été galvaudés. La liberté, ce n'est pas de faire ce que l'on veut si cela conduit au malheur général. L'égalité, ce n'est pas le partage égal d'un gâteau si ce gâteau est empoisonné.

La fraternité, ce terme le plus indéfinissable de notre devise républicaine, a elle-même été foulée aux pieds. Ah, qu'ils étaient beaux les hommages rendus chaque soir au personnel soignant pendant le premier confinement ! Dix minutes chaque jour de communion et de fête pour célébrer le dévouement de tous ces anonymes, cela nous faisait du bien. Pourquoi alors les avons-nous complètement oubliés avec le déconfinement et les mois d'été ? Le relâchement général préparait la deuxième vague et nous le savions. Tout a été dit par une infirmière de réanimation épuisée par l'afflux des malades : « On vit un Covid que les gens ne vivent pas. On ne veut pas d'applaudissements ou de repas gratuits. On veut qu'ils respectent les consignes[1]. »

Ah, les courageux, qui clament qu'ils n'ont pas peur de la mort et que la peur n'est rien d'autre qu'un moyen traditionnel de gouvernement. Pourquoi nier que nous avons eu peur et que cela nous a un temps rassemblés ? La fraternité, c'est aussi cela, de se savoir frères et sœurs, condamnés sans exception à disparaître un jour. Y a-t-il lien plus fort que celui-là ? « Frères humains, qui après nous vivez, / N'ayez les cœurs contre nous endurcis, / Car, si pitié de nous pauvres avez, / Dieu en aura plus tôt de vous mercis. »

Non, nous n'avons décidément pas été à la hauteur de notre passé, ni de ce que comme peuple nous sommes capables de penser et de faire. J'écris ceci en nous souhaitant d'être meilleurs.

1. Amandine Abelaud citée par *Le Monde* du 12 novembre 2020.

Remerciements

Je remercie chaleureusement Hugues Jallon. Il m'a accueilli dans sa maison qui m'est chère, a relu de très près mon manuscrit et m'a évité quelques emportements et excès de plume. Je lui dois aussi le titre et le sous-titre de ce livre, qui synthétisent parfaitement son contenu.

Tout au long de ces mois de confinement et de déconfinement, j'ai bénéficié de l'aide et du soutien de proches et de moins proches, parmi lesquels Mark Anspach, Raphaël Bourgois, Monique Canto-Sperber, Benoît Chantre, André Comte-Sponville, Jean-Michel Djian, Jean-Baptiste Dupuy, Alexis Feertchak, Jean-Luc Giribone, Alexei Grinbaum, Cynthia Hartley, Christian Herrault, Catherine et Raphaël Larrère, Tong Liu, Olivier Mongin, Wolfgang Palaver, Jean Petitot, Didier Raciné, Antoine Reverchon, Alexandre Rigal, Camille Riquier, Lucien Scubla, Laura Spinney, Sophie

Tarneaud, Cédric Terzi, Béatrice de Toledo Dupuy, Francis Wolff et Ting Zheng. Je les remercie tous du fond du cœur.

Table

Du même auteur

Les Choix économiques dans l'entreprise
et dans l'administration
Dunod, 1973, 1975 (avec H. Lévy-Lambert)

L'Invasion pharmaceutique
Seuil, 1974, 1977 (avec S. Karsenty)

Valeur sociale et encombrement du temps
Éditions du CNRS, 1975

La Trahison de l'opulence
PUF, 1976 (avec J. Robert)

L'Enfer des choses. René Girard
et la logique de l'économie
Seuil, 1979 (avec P. Dumouchel)

Introduction à la critique de l'écologie politique
Civilização Brasileira, Rio de Janeiro, 1980

Ordres et désordres. Enquête sur un nouveau paradigme
Seuil, 1982, 1990

La Panique
Les Empêcheurs de penser en rond, 1991, 2003

Le Sacrifice et l'Envie. Le libéralisme aux prises
avec la justice sociale
Calmann-Lévy, 1992

Introduction aux sciences sociales.
Logique des phénomènes collectifs
Ellipses, 1992

Sciences sociales et sciences cognitives.
Limites de la rationalité et nature du lien social
Éditions de l'École polytechnique, 1993-1994
(édition du bicentenaire)

Aux origines des sciences cognitives
La Découverte, 1994, 1999

Libéralisme et justice sociale
Hachette, coll. « Pluriel », 1997, 2009

Éthique et philosophie de l'action
Ellipses, 1999

Les savants croient-ils en leurs théories ?
Une lecture philosophique de l'histoire
des sciences cognitives
INRA Éditions, 2000

The Mechanization of the Mind
Princeton University Press, 2000

Pour un catastrophisme éclairé.
Quand l'impossible est certain
Seuil, 2002, 2004

Introduction à la philosophie sociale et politique
Éditions de l'École polytechnique, 2002

Avions-nous oublié le mal ? Penser la politique
après le 11 Septembre
Bayard, 2002

Éthique, raison et violence
Éditions de l'École polytechnique, 2003

Petite métaphysique des tsunamis
Seuil, 2005

Pour une éthique des sciences et des techniques
Éditions de l'École polytechnique, 2005

Retour de Tchernobyl. Journal d'un homme en colère
Seuil, 2006

On the Origins of Cognitive Science
The MIT Press, 2009

La Marque du sacré
Carnets Nord, 2008 ; Flammarion, 2010.
Prix Roger-Caillois de l'essai

Dans l'œil du cyclone. Autour de Jean-Pierre Dupuy
Mark Anspach (éd.), Carnets Nord, 2008

L'Avenir de l'économie. Sortir de l'économystification
Flammarion, 2012

Où va le monde ?
Arthème Fayard, 2012 (avec Y. Cochet et al.)

La Jalousie. Une géométrie du désir
Seuil, 2016

La guerre qui ne peut pas avoir lieu.
Essai de métaphysique nucléaire
Desclée de Brouwer, 2018

Dans la même série

Perry Anderson
La Pensée tiède
Un regard critique sur la culture française
2005

Jean-Pierre Dupuy
Petite Métaphysique des tsunamis
2005

Alain Lefebvre et Dominique Méda
Faut-il brûler le modèle social français ?
2006

Eva Illouz
Les Sentiments du capitalisme
2006

Antoine Garapon et Denis Salas
Les Nouvelles Sorcières de Salem
Leçons d'Outreau
2006

Sylvie Goulard
Le Coq et la Perle
Cinquante ans d'Europe
2007

Éric Aeschimann
Libération et ses fantômes
2007

Guillaume Tabard
Latin or not latin
Comment dire la messe
2007

Zygmunt Bauman
Le Présent liquide
Peurs sociales et obsession sécuritaire
2007

Antonio Negri
Goodbye Mister Socialism
2007

Georges Bensoussan
Un nom impérissable
Israël, le sionisme et la destruction des Juifs d'Europe
(1933-2007)
2008

Myriam Revault d'Allonnes
L'Homme compassionnel
2008

Michaël Fœssel
La Privation de l'intime
Mises en scènes politiques des sentiments
2008

Laurent Ségalat
La Science à bout de souffle ?
2009

Ami Bouganim
Vers la disparition d'Israël ?
2012

Raphaël Liogier
Le Mythe de l'islamisation
2012

Mireille Delmas-Marty
Résister, responsabiliser, anticiper
2013

Dominique Rousseau
Radicaliser la démocratie
Propositions pour une refondation
2015

Fethi Benslama
Un furieux désir de sacrifice
Le surmusulman
2016

Sylvie Laurent
La Couleur du marché
Racisme et néolibéralisme aux États-Unis
2016

Frédéric Lordon
Les Affects de la politique
2016

Olivier Roy
Le Djihad et la Mort
2016

Didier Fassin
Punir
Une passion contemporaine
2017

Carolin Emcke
Contre la haine
Plaidoyer pour l'impur
2017

Geneviève Fraisse
Du consentement
Édition augmentée
2017

Jean-Noël Jeanneney
Le Moment Macron
Un président et l'Histoire
2017

Michel Agier
L'étranger qui vient
Repenser l'hospitalité
2018

Olivier Roy
L'Europe est-elle chrétienne ?
2019

RÉALISATION : NORD COMPO À VILLENEUVE-D'ASCQ
IMPRESSION : NORMANDIE ROTO S.A.S. À LONRAI
DÉPÔT LÉGAL : MARS 2021. n° 147693 (2100130)
Imprimé en France